重點整理、快速複習！

My Study Guide

Mathematics

國中資優

數學王

一本制霸

學研Plus・編　陳識中・譯

本書使用方式

本書可用來——

\原來如此/

Scene 1

每天預習或複習時，
用來查看不懂的地方。

Scene 2

放進包包裡隨身攜帶，
利用移動時或其他空閒時間
複習考試範圍。

這樣啊！

哦～

Scene 3

看到喜歡的插圖，
覺得某個單元好像很有趣時，
就讀一讀那一頁。

呀！
我有幹勁了！

首先

訂定學習計畫吧。

制定目標或計畫，可以提升學習效果。
請多加利用P.4的「我的學習計畫」。

接著

打造出
自己的風格吧★

開始學習！

• 索引標籤貼紙
用來標示考試範圍
等。

• 畫線
替不懂或重要的地方
畫線，或將它圈起來，
以便複習。

• 做筆記
可利用空白處做
筆記。

整理出數學中重要的重點的頁面。請各位自行加工成更容易
學習的風貌吧。
右下的「檢查表」是單元中最應該記住的部分。如果你已經
記住的話，就在□裡打勾。
「畫畫看」的部分則請實際動手畫看吧。
★將學習的日期記錄在目錄上吧。

還有

確認一下是否已經理解！

各年級單元的最後皆附有自我評量，讓各位藉此確認一下是否已
經記住那些內容。可當作定期考前的自我檢測，或是學期末的總
複習。
★書末還有「公式、定理總整理」。考試前請再次確認吧。

趕快翻頁！

我的學習計畫

訂定具體的目標或計畫，就能提升學習成效。
請擬定一套最適合自己的計畫吧。

例如…

· 期末考要考85分以上！
· 每天都要複習
· 考上某某高中！

目標

將想達成的事寫下來。
達成後就在□內做個記號。

目標是啥？
好吃嗎？

□

□

□

□

如何度過一天

寫下一天的時間安排，找出自己的讀書時間。

寫下「哪種日子」。
有社團活動的日子、週日、
要學才藝的日子……

例如…

要補習的日子

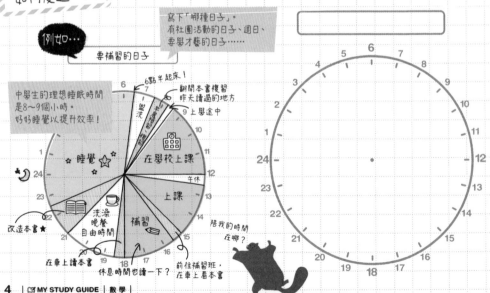

中學生的理想睡眠時間
是8～9個小時。
好好睡覺以提升效率！

6點半起床！

翻閉本書複習
昨天讀過的地方

9 上學途中

睡覺

在學校上課

午休

上課

洗澡
晚餐
自由時間

補習

改造本書★

在車上讀本書

休息時間也請一下？

前往補習班，
在車上看本書

陪我的時間
在哪？

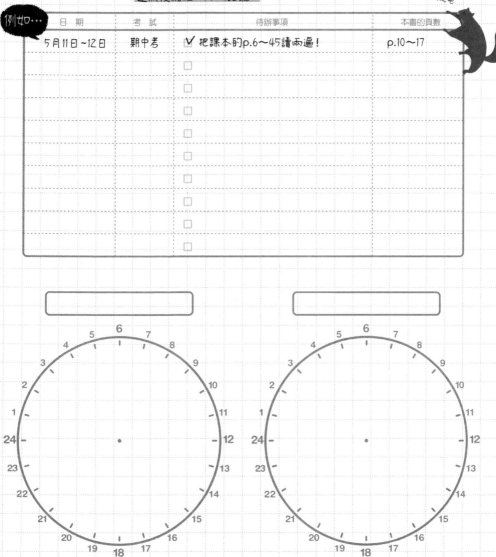

待辦事項清單

把即將到來的考試、該念的書寫下來吧。
達成後就在□內做記號。

考完試
來陪我玩吧

	日 期	考 試	待辦事項	本書的頁數
例如…	5月11日～12日	期中考	☑ 把課本的p.6～45讀兩遍！	p.10～17
			□	
			□	
			□	
			□	
			□	
			□	
			□	
			□	
			□	

目錄

本書使用方式 2

我的學習計畫 4

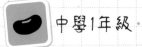 中學1年級

把學習的日期記錄下來吧♪

第1章	正負數	1. 正負數和絕對值	10	月 日
		2. 加法‧減法	12	月 日
		3. 乘法‧除法	14	月 日
		4. 四則運算的複合計算	16	月 日
第2章	代數和代數式	1. 代數式的寫法、代數式的值	18	月 日
		2. 代數式的計算	20	月 日
第3章	方程式	1. 方程式的解法	22	月 日
		2. 方程式的運用	24	月 日
第4章	正比和反比	1. 函數與正比	26	月 日
		2. 座標與正比圖形	28	月 日
		3. 反比	30	月 日
第5章	平面圖形	1. 直線、角和圖形的移動	32	月 日
		2. 圖形與作圖	34	月 日
		3. 圓和扇形	36	月 日
第6章	空間圖形	1. 各種立體圖形	38	月 日
		2. 空間內的直線和平面	40	月 日

	3. 立體圖形的各種觀察法	42	月	日
	4. 立體的表面積和體積	44	月	日
第7章 資料的整理	1. 資料的分布、代表值和近似值	46	月	日
	✎ 中學1年級的自我評量	49	月	日

 中學2年級

第1章 數式的計算	1. 單項式與多項式、多項式的加法・減法	56	月	日
	2. 數和多項式的乘法・除法	58	月	日
	3. 單項式的乘法・除法、代數式的運用	60	月	日
第2章 聯立方程式	1. 聯立方程式的解法	62	月	日
	2. 各種聯立方程式	64	月	日
	3. 聯立方程式的運用	66	月	日
第3章 1次函數	1. 1次函數與變化率、1次函數的圖形	68	月	日
	2. 1次函數關係式的求法	70	月	日
	3. 方程式和圖形	72	月	日
第4章 檢查圖形的方法	1. 平行線和角	74	月	日
	2. 多邊形的角	76	月	日
	3. 圖形的全等	78	月	日
	4. 圖形的證明	80	月	日
第5章 圖形的性質	1. 等腰三角形、直角三角形	82	月	日
	2. 平行四邊形	84	月	日
	3. 特殊平行四邊形、平行線與面積	86	月	日
第6章 機率	1. 機率的意義和求法	88	月	日
	✎ 中學2年級的自我評量	90	月	日

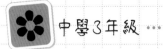中學3年級

第1章　多項式的計算　　1. 單項式和多項式的乘除、乘法公式 ········· 96　　　月　　日

2. 因數分解 ················· 98　　　月　　日

第2章　平方根　　1. 平方根 ················· 100　　　月　　日

2. 含根號之數式的乘除 ················· 102　　　月　　日

3. 含根號之數式的計算 ················· 104　　　月　　日

第3章　2次方程式　　1. 2次方程式及其解法、求解的公式 ········· 106　　　月　　日

2. 2次方程式和因數分解 ················· 108　　　月　　日

第4章　函數　　1. 函數 $y = a x^2$ ················· 110　　　月　　日

2. 函數 $y = a x^2$ 的值的變化 ················· 112　　　月　　日

3. 生活中的事件和函數 ················· 114　　　月　　日

第5章　相似圖形　　1. 相似圖形 ················· 116　　　月　　日

2. 平行線與線段比 ················· 118　　　月　　日

3. 相似圖形的計算 ················· 120　　　月　　日

第6章　圓　　1. 圓周角的定理 ················· 122　　　月　　日

第7章　畢氏定理　　1. 畢氏定理 ················· 124　　　月　　日

2. 畢氏定理的運用 ················· 126　　　月　　日

第8章　抽樣調查　　1. 抽樣調查 ················· 128　　　月　　日

中學3年級的自我評量 ················· 130　　　月　　日

解答 ················· 136

公式・定理總整理 ················· 142

索引 ················· 148

MY
STUDY
GUIDE

Mathematics

中學1年級

GUIDE · MY STUDY GUIDE · MY STUDY GUIDE · MY STUDY GUIDE · MY STUDY

1. 正負數和絕對值

本節要學習正數、負數以及數的大小。
認識絕對值和正負數的意義有何不同。

◆ 比0小的數要這樣表示！

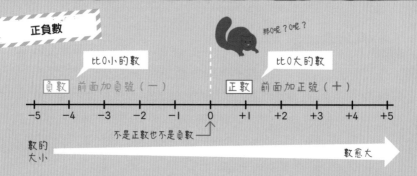

正負數

比0小的數

那0呢？0呢？

比0大的數

負數 前面加負號（一）

正數 前面加正號（＋）

-5　-4　-3　-2　-1　0　+1　+2　+3　+4　+5

不是正數也不是負數

數的大小

數愈大

◆ 絕對值是這個意思。

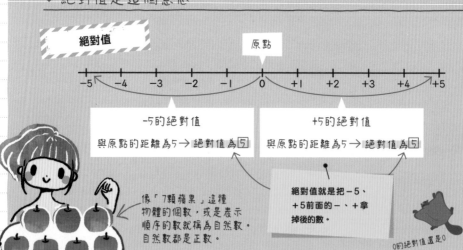

絕對值

原點

-5　-4　-3　-2　-1　0　+1　+2　+3　+4　+5

-5的絕對值

與原點的距離為5 → 絕對值為 5

+5的絕對值

與原點的距離為5 → 絕對值為 5

絕對值就是把-5、+5前面的-、+拿掉後的數。

像「7顆蘋果」這種物體的個數，或是表示順序的數就稱為自然數。自然數都是正數。

0的絕對值置是0

「100元的支出」寫成負數是？

以一方為正數，相反的一方為負數，就可以用數量來表達兩種相反的性質。

例

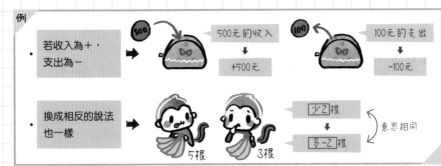

- 若收入為＋，
  支出為－

  500元的收入
  ↓
  +500元

  100元的支出
  ↓
  -100元

- 換成相反的說法
  也一樣

  少2根
  ↓
  8-2根
  }意思相同

  5根   3根

 如何用絕對值反求原本的數？

利用數線來思考吧。

例

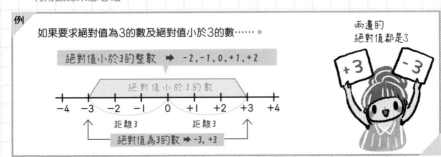

如果要求絕對值為3的數及絕對值小於3的數……。

兩邊的
絕對值都是3

絕對值小於3的整數 ➡ -2, -1, 0, +1, +2

絕對值小於3的數

-4 -3 -2 -1   0 +1 +2 +3 +4

↑ 距離3   距離3 ↑
絕對值為3的數 ➡ -3, +3

+3   -3

正負數的大小

那麼，
最後的確認！

- （負數）＜0＜（正數）
- 負數的絕對值愈大，本身的值愈小。
- 不等號的方向要一樣。

$-5 < 2 > -3$ $-5 < -3 < 2$

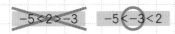 檢查表

□ 能表達小於0的數
□ 知道絕對值的意思
□ 會用正負數來表達
　兩種相反性質的量
□ 明白數的大小

11

中學1年級

正負數

2. 加法・減法

加東西的計算稱為加法，減東西的計算稱為減法。
本節要學習包含負數的加減法。

心算就
交給我吧！

◆ 兩數的和要這樣算！

*加法的結果就稱為和。

1 相同符號的兩數和

➡ 例 再補上共同的符號
$(-3)+(-5)=-(3+5)=-8$
先算絕對值的和

2 相異符號的兩數和

➡ 例 再補上絕對值較大的那的符號
$(-7)+(+2)=-(7-2)=-5$
先算絕對值的差

◆ 兩數的差要這樣算！

*減法的結果就稱為差。

減法只要… ➡ 變一下減數的符號… ➡ 就會變成加法！

1 正數的減法計算

➡ 例 把＋改成－ 共通的符號
$(-2)-(+3)=(-2)+(-3)=-(2+3)=-5$
把減法改成加法 絕對值的和

2 負數的減法計算

➡ 例 把－改成＋ 絕對值較大那數的符號
$(-9)-(-6)=(-9)+(+6)=-(9-6)=-3$
把減法改成加法 絕對值的差

什麼是正項、負項?

在計算只有加法的算式時,每個數都可當作一個項。

例

$$(+6)-(+2)+(-4)-(-3)$$

改成只有加法的算式

$$=(\underline{+6})+(\underline{-2})+(\underline{-4})+(\underline{+3})$$

正項　　負項　　負項　　正項

也可以拿掉括號,
直接把各項排出來

$$=\underline{6}-\underline{2}-\underline{4}+\underline{3}$$

↖ 算式第一個項的＋號可以省略

 加減法混在一起的計算要怎麼做?

把正項、負項分開來,分別計算兩者的和。

例

$$(+8)-(+5)-(-7)+(-4)$$

改成只有加法的算式 $a+b=b+a$

$$=(+8)+(-5)+(+7)+(-4)$$

把正項、負項分成兩堆(交換律)

$$=\underline{(+8)+(+7)}+\underline{(-5)+(-4)}$$

　　　正項的和　　　負項的和

分別計算正項和負項
(結合律) $(a+b)+c=a+(b+c)$

$$=\quad(+15)\quad+\quad(-9)\quad=+6$$

 如何把算式變得更好算?

使用把各項排出來的方式表示,再分別計算正項和負項。

簡單就是最好!

例

$$-3-(-9)+4+(-5)$$

拿掉括號

$$=\boxed{-3}\boxed{+9}\boxed{+4}\boxed{-5}$$

把正項和負項分堆

$$=\boxed{9}\boxed{+4}\boxed{-3}\boxed{-5}$$

　正項的和　負項的和

答案為正數時
可以省略＋號

$$=\quad13\quad-\quad8\quad=5$$

☑ **檢查表**

□ 會做正負數的加法
□ 會做正負數的減法
□ 能進行加減混合的計算

13

3. 乘法・除法

乘東西的計算稱為乘法，分東西的計算稱為除法。
本節要學習包含負數的乘法和除法。

答案是：
呃一＋？一？

◆ 積和商要這樣算！

＊乘法的結果稱為積，除法的結果稱為商。

1 符號相同的2個數的積和商

例 $(-6) \times (-2) = + (6 \times 2) = +12$
符號相同　符號相同　符號為＋　求絕對值的積

正號可以省略

$(-6) \div (-2) = + (6 \div 2) = +3$
求絕對值的商

2 符號不同的2個數的積和商

例 $(-8) \times (+4) = - (8 \times 4) = -32$
符號不同　符號不同　符號為一　求絕對值的積

$(-8) \div (+4) = - (8 \div 4) = -2$
求絕對值的商

3 3個數以上的積

積的符號：若負數有
偶數個 ➡ ＋
奇數個 ➡ 一

例 $(-3) \times (-2) \times (-4) = - (3 \times 2 \times 4) = -24$
積的符號為一

好幾個一樣的數相乘起來，就稱為累乘

◆ 表示相同數之積的方便寫法

使用指數來表示

例 $5 \times 5 = 5^{2}$
5有 2 個　讀作「5的2次方」

這就是指數！
用來表達相乘數的個數。

$5 \times 5 \times 5 = 5^{3}$
5有 3 個　讀作「5的3次方」

＊2次方又稱為平方，3次方又稱立方。

2次方　3次方

-2^4 和 $(-2)^4$ 是相同的數？還是不同的數？

思考指數的4究竟是把4個什麼東西相乘。

$-2^{\boxed{4}}$ ←4個2相乘

$=-(\boxed{2\times2\times2\times2})$

$=-16$

$(-2)^{\boxed{4}}$ ←4個-2相乘

$=\boxed{(-2)\times(-2)\times(-2)\times(-2)}$

$=+(2\times2\times2\times2)=16$

↖ 負數有4個（偶數個），所以是＋

 分數的除法怎麼計算？

可以改成除數倒數的乘法。

例

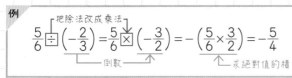

把除法改成乘法

$\dfrac{5}{6}\boxed{\div}\left(-\dfrac{2}{3}\right)=\dfrac{5}{6}\boxed{\times}\left(-\dfrac{3}{2}\right)=-\left(\dfrac{5}{6}\times\dfrac{3}{2}\right)=-\dfrac{5}{4}$

—— 倒數 —— ↖ 求絕對值的積

 乘除混合的計算怎麼做？

改成只有乘法的算式後再計算。

參考　整數和小數的倒數

把整數和小數改成分數後再變成倒數。

• $-8=-\dfrac{8}{1}$ ⤬ $\dfrac{1}{8}$

• $-0.3=-\dfrac{3}{10}$ ⤬ $\dfrac{10}{3}$

例

$(-12)\times\dfrac{4}{9}\div\boxed{-8}$

倒數

改成只有乘法的算式

$=(-12)\times\dfrac{4}{9}\boxed{\times}\left(\boxed{-\dfrac{1}{8}}\right)$

求絕對值的積

$=+\left(12\times\dfrac{4}{9}\times\dfrac{1}{8}\right)$

↖ 負數有2個（偶數個），所以是＋

$=\dfrac{2}{3}$

算完就是點心時間啦♪

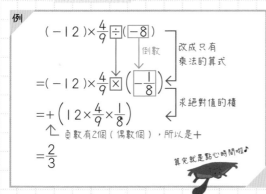

 檢查表

☐ 會計算正負數的乘法
☐ 會計算正負數的除法
☐ 能進行累乘的計算
☐ 能進行乘除混合的計算

中學1年級

4. 四則運算的複合計算

加法、減法、乘法、除法統稱為四則運算。
在做四則混合的計算時，要注意計算的順序。

◆ 四則混合的算式要這樣算！

先計算累乘和（ ）中的部分

↓

計算乘法和除法

↓

計算加法和減法

例 $2 \times (-2)^3 - (6-30) \div (-8)$

$= 2 \times (-8) - (-24) \div (-8)$

$= (-16) - (+3)$

$= -16 - 3$

$= -(16+3)$

$= -19$

◆ 超方便的分配律

記下來吧！

分配律

$(a+b) \times c = a \times c + b \times c$

$c \times (a+b) = c \times a + c \times b$

$(a+b) \times c$

↓

$a \times c + b \times c$

利用分配律改造一下算式後……

↓

例

$\left(\dfrac{5}{6} + \dfrac{7}{9} \right) \times (-18)$

$(a+b) \times c$
$= a \times c + b \times c$

$= \dfrac{5}{6} \times (-18) + \dfrac{7}{9} \times (-18)$

先計算乘法

$= (-15) + (-14)$

就變成了簡單的數！

$= -29$

Q 還有其他讓計算更簡單的方法嗎?

真希望能
算得更輕鬆

有時反向利用分配律可讓計算更簡單。

例
$$38×(-57)+62×(-57)$$
$$=(38+62)×(-57)$$
$$=100×(-57)$$
$$=-5700$$

a×c+b×c=(a+b)×c

計算( )內的部分

變成簡單的數了!

Q 如何輕鬆計算平均?

用正負數來表示與基準量的差,能使計算更簡單。

例
右表是以150cm為基準,學生A~D的
身高與基準值的差。

此時,這4人的身高平均是

學 生	A	B	C	D
與基準值的差(cm)	+5	-2	-4	+7

平均= 基準量 + 與基準量之差的平均 ,即

$$150+[(+5)+(-2)+(-4)+(+7)]÷4$$
$$=150+6÷4=150+1.5=151.5(cm)$$

150cm
矮2cm
→ -2cm

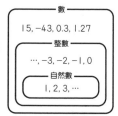

```
──── 數 ────
15, -43, 0.3, 1.27
──── 整數 ────
…, -3, -2, -1, 0
──── 自然數 ────
1, 2, 3, …
```

● 在自然數的範圍內,減法和除
法不一定總是算得出來。
例 3-7=-4 ← 不是
3÷7=$\frac{3}{7}$ 自然數

● 在整數的範圍內,除法不一定
總是算得出來。
例 (-3)÷7=-$\frac{3}{7}$ ← 不是
整數

● 在所有數的集合內,所有的四則運算都可以算出答案。

☑ 檢查表

□ 會做四則混合的計算
□ 能利用分配律進行計算
□ 能利用正負數求出平均

17

中學1年級

1. 代數式的寫法、代數式的值

使用代數來表達的算式稱為代數式。
本節要學習如何用代數式來表達各種數量。

◆ 首先，記住代數式的規則！

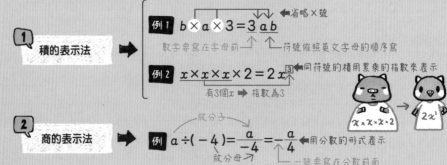

1 積的表示法

例1 $b \times a \times 3 = 3\,ab$　← 省略 × 號

數字要寫在字母前 ↑　↑ 符號依照英文字母的順序寫

例2 $\underline{x \times x \times x} \times 2 = 2\,x^{\boxed{3}}$　← 同符號的積用累乘的指數來表示

有3個 x ➡ 指數為3

$x \times x \times x \times 2$ → $2x^3$

2 商的表示法

例 $a \div (-4) = \dfrac{a}{-4} = -\dfrac{a}{4}$　← 用分數的形式表示

放分子↗　放分母↗　一號要寫在分數前面

3 四則混合式的表示法

例 $a \times 5 + b \div 3 - c \times c = 5\,a + \dfrac{b}{3} - c^2$　← +、一號不可省略

◆ 求代數式的值！

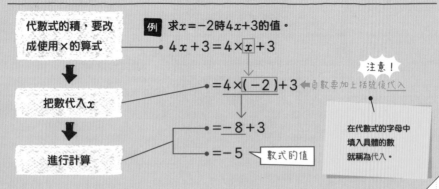

代數式的積，要改成使用 × 的算式

例 求 $x = -2$ 時 $4x+3$ 的值。

$4x + 3 = 4 \times \boxed{x} + 3$

↓

把數代入 x

$= 4 \times (\,-2\,) + 3$　← 負數要加上括號後代入

注意！
在代數式的字母中填入具體的數就稱為代入。

↓

進行計算

$= -8 + 3$

$= -5$ ← 數式的值

如何用代數式表示價格和速度？

首先用文字寫出算式，再把符號和數字填進去。

例

① 拿 500元 購買 4個定價x元的甜甜圈，可找回多少錢？

➡ 找零= 支付的錢 − 價格 ← 用文字寫算式

$$500 - x \times 4 = 500 - 4x \text{（元）}$$ ← 省略×號

② 用 5小時 走完 a km 的大道，請問速度是多少？

➡ 速度= 道路長 ÷ 時間 ← 用文字寫算式

$$a \div 5 = \frac{a}{5} \text{（km／h）}$$ ← 用分數表示

 xkg的80%以及y元減三成要怎麼寫成代數式？

用分數表達80%和三成，就能套用 原始量×比例 的式子。

xkg的80% ➡ 80%就是 $\frac{80}{100} = \frac{4}{5}$，所以是 $x \times \frac{4}{5} = \frac{4}{5}x$（kg）

原始量 ↗ ↑ 比例

y元減三成 ➡ 三成就是 $\frac{3}{10}$，所以是 $y \times (1 - \frac{3}{10}) = y \times \frac{7}{10} = \frac{7}{10}y$（元）

↑ 減三成

參考 **注意單位！**

把不同單位的數量寫成算式時，
要換成相同單位。

例　a cm長的繩子剪去 b cm後，剩下的長度為
　　幾cm？

　➡把單位統一成cm，
　　因為 a m＝100 a cm，
　　　　　↑ 1m=100cm

　　故剩下的長度是 $100a - b$（cm）

會了嗎？
會了嗎？

✓ **檢查表**

☐ 了解代數式的規則
☐ 會求代數式的值
☐ 能用代數式表達各種數量

中學1年級

2. 代數式的計算

本節要學習代數式的加法、減法、乘法、除法。
拿掉括號時要注意正負號。

◆ 首先，認識項和係數！

項…用＋號連起來的一個一個代數式或數字

例　$2x - 4y + 5 = \boxed{2x} + (\boxed{-4y}) + \boxed{5}$

係數…有字母的項的數字部分

◆ 代數式要這樣算！

分類整理

1 整理成1個項　➡　例　$5x + 3x = (\underline{5+3})x = 8x$

計算係數

字母部分相同的項
就整理成1個項

2 代數式的
加法和減法　➡

例　$6a + 1 \boxed{+(2a-5)} = 6a + 1 \boxed{+2a-5}$

把代數項
和純數項
分類集中

＋（　）的部分
直接拿掉括號

$= 6a + 2a + 1 - 5$

分別
統整各項

$= 8a - 4$

$6a + 1 \boxed{-(2a-5)} = 6a + 1 \boxed{-2a+5}$

把代數項
和純數項
分類集中

－（　）的部分，在拿掉
括號時要改變正負號

$= 6a - 2a + 1 + 5$

分別
統整各項

$= 4a + 6$

3 代數式的
乘法和除法　➡

例　$3x \times 7 = \underline{3 \times x \times 7} = \underline{3 \times 7 \times x} = 21x$

改變乘的順序　　數字乘數字

2種計算方法

$15x \div 3 = \dfrac{15x}{3}$　$\bigg|$　$15x \div 3 = 15x \times \dfrac{1}{3}$

$= 5x$　改成分數形式　$\bigg|$　$= 5x$

約分　　　　　　　　乘以倒數

如何計算 $2(3x+5)$ 或 $(8a-12)\div4$？

利用分配律 $a(b+c)=ab+ac$ 來計算。

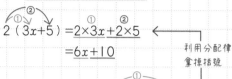

$$2(3x+5)=\overset{①}{2\times3x}+\overset{②}{2\times5}$$
$$=6x+10$$

利用分配律拿掉括號

$a(b+c)$

$ab+ac$

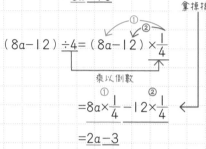

$$(8a-12)\div4=(8a-12)\times\frac{1}{4}$$

乘以倒數

$$=8a\times\frac{1}{4}-12\times\frac{1}{4}$$
$$=2a-3$$

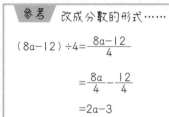

參考 改成分數的形式……

$$(8a-12)\div4=\frac{8a-12}{4}$$
$$=\frac{8a}{4}-\frac{12}{4}$$
$$=2a-3$$

 如何計算 $\dfrac{x+4}{2}\times6$？

約分分母和乘數。別忘了 $x+4$ 的部分要加上括號。

加上（ ）

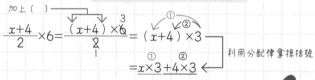

$$\frac{x+4}{2}\times6=\frac{(x+4)\times\overset{3}{6}}{\underset{1}{2}}=(x+4)\times3$$

利用分配律拿掉括號

$$=x\times3+4\times3$$
$$=3x+12$$

好了，休息一下吧

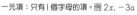

memo

一元項：只有1個字母的項。例 $2x$，$-3a$
一元式：只有1個一元項，或是表示一元項和純數項之和的數式。
例 $2x$，$-3a+4$
等式：使用等號＝，表達2個數量相等關係的數式。
不等式：使用不等號，表達2個數量大小關係的數式。

• a 大於等於 b ➡ $a\geq b$　　• a 小於等於 b ➡ $a\leq b$
• a 大於 b ➡ $a>b$　　　　• a 小於 b ➡ $a<b$

等式

$2x+4=3x-1$
左邊　右邊
兩邊

不等式

$2x+4<3x-1$
左邊　右邊
兩邊

☑ 檢查表

☐ 了解項和係數
☐ 會做代數式的加法・減法
☐ 會做代數式的乘法・除法

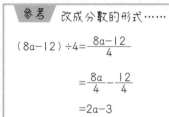

第2章

2 代數式的計算

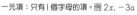

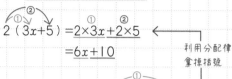

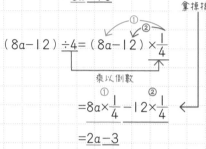

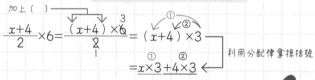

1. 方程式的解法

在算式的字母內代入特定的值後可成立的等式，就稱為方程式。
本節要學習求方程式解（可使方程式成立的字母的值）的方法。

求解的過程就
稱為「解方程式」

◆ 這就是解方程式的基本！

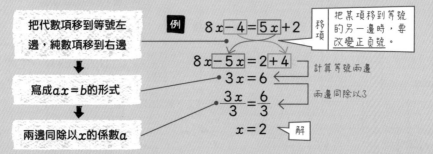

把代數項移到等號左
邊，純數項移到右邊

⬇

寫成 $ax = b$ 的形式

⬇

兩邊同除以 x 的係數 a

例

$$8x - 4 = 5x + 2$$

移項

把某項移到等號
的另一邊時，要
改變正負號。

$$8x - 5x = 2 + 4$$ ← 計算等號兩邊

$$3x = 6$$ ← 兩邊同除以3

$$\frac{3x}{3} = \frac{6}{3}$$

$$x = 2$$ 解

◆ 精通各種方程式的解法！

1 有括號的
方程式

這裡是重點

利用分配律，拿掉
括號。

例

$$4x - 3(x - 2) = 1$$

$$4x - 3x + 6 = 1$$

$$4x - 3x = 1 - 6$$ ← 移項

$$x = -5$$ ← 計算等號兩邊

2 係數有分數的
方程式

例

這裡是重點

等號兩邊同乘以
分母的最小公倍
數，化解分數。

$$\frac{5}{6}x + 1 = \frac{3}{4}x$$

$$\left(\frac{5}{6}x + 1\right) \times 12 = \frac{3}{4}x \times 12$$

同乘以分母6和4的最小公倍數12

$$10x + 12 = 9x$$ 移項

$$10x - 9x = -12$$ ← 計算等號兩邊

$$x = -12$$

退散！

分母

那是驅魔！

＊把方程式中的分數簡化掉的過程，就稱為去分母。

如何解係數有小數的方程式？

首先，等號兩邊同乘以10、100、……，把係數化成整數。

例

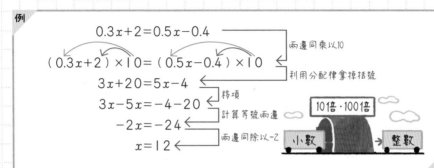

$$0.3x+2=0.5x-0.4$$

兩邊同乘以10

$$(0.3x+2)\times10=(0.5x-0.4)\times10$$

利用分配律拿掉括號

$$3x+20=5x-4$$

移項

$$3x-5x=-4-20$$

計算等號兩邊

$$-2x=-24$$

兩邊同除以-2

$$x=12$$

10倍・100倍

小數 → 整數

 什麼是比例式？

例如 $a:b=c:d$ 這種，用來表示 $a:b$ 的比值與 $c:d$ 相等的等式就是比例式。

記下來吧！

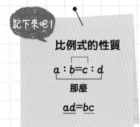

比例式的性質

$$a:b=c:d$$

那麼

$$\underline{ad=bc}$$

例

請用以下的比例式，求出 x 的值。

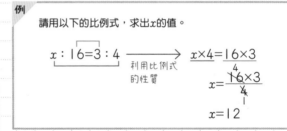

$$x:16=3:4 \longrightarrow x\times4=16\times3$$

利用比例式的性質

$$x=\frac{\overset{4}{\cancel{16}}\times3}{\cancel{4}_{1}}$$

$$x=12$$

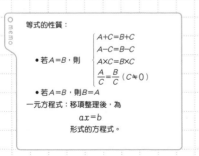

等式的性質：

• 若 $A=B$，則 $\begin{cases} A+C=B+C \\ A-C=B-C \\ A\times C=B\times C \\ \dfrac{A}{C}=\dfrac{B}{C}\ (C\neq0) \end{cases}$

• 若 $A=B$，則 $B=A$

一元方程式：移項整理後，為

$$ax=b$$

形式的方程式。

勇往直前吧

☑ 檢查表

☐ 明白解方程的基本
☐ 會解各種方程式
☐ 能求出比例式的 x 值

第 3 章 方程式

2. 方程式的運用

本要學習利用方程式和比例式解開應用題。
解完應用題後，一定要記得檢查答案是否符合題目要問的。

◆ 來解應用題吧！

解題順序

決定以題目的
哪個數量為 x

↓

找出相等的
數量關係

↓

寫出方程式

↓

解方程式

↓

檢討答案

例 小明買了50元郵票和80元郵票共9張，一共花了
510元。請問他買了幾張50元郵票。

→ 假設買了 x 張50元郵票。

● 總金額的關係式如下。

50元郵票的錢 ＋ 80元郵票的錢 ＝ 總金額

$$50x + 80(9-x) = 510$$

↑總金額=1張的單價×張數↑

● 50元郵票買了7張，
而7是自然數，
符合題目所問。

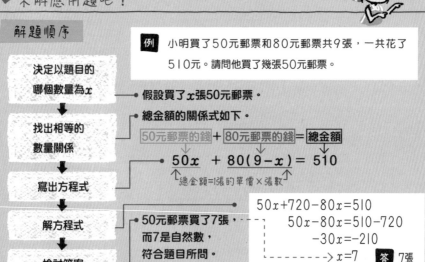

$$50x+720-80x=510$$
$$50x-80x=510-720$$
$$-30x=-210$$
$$\dashrightarrow x=7 \quad \boxed{答} \ 7張$$

◆ 利用比例式的題目要這樣解！

解題順序

決定以哪個數量為 x，
用比例式表示

↓

求 x 的值，
檢討答案

例 現實中500m的距離在地圖上為4cm，請問此地圖上
距離10cm的車站和學校實際距離幾m？

→ 假設車站和學校的距離式 x m，則

$$4:500=10:x$$

● $4x=500×10$

$$x=1250$$

答案符合題目所問。

$\boxed{答}$ 1250m

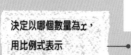

考試最常出哪種題型？

除了價錢的問題，還經常出問剩缺問題、速度問題等2位數的自然數問題。

例   剩缺問題

將一筒鉛筆分給數名學生，每個人拿4支時會剩下7支，每個人分6支時會少9支。請問一共有幾名學生？

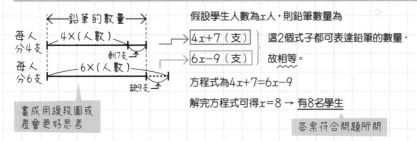

假設學生人數為x人，則鉛筆數量為

$\boxed{4x+7（支）}$ ← 這2個式子都可表達鉛筆的數量，

$\boxed{6x-9（支）}$ ← 故相等。

方程式為$4x+7=6x-9$

解完方程式可得$x=8$ → 有8名學生

答案符合問題所問

畫成用線段圖或表會更好思考

例   速度問題

妹妹從家裡前往車站。5分鐘後，哥哥也從家裡出發追趕妹妹。

假設妹妹的速度是每分鐘50m，哥哥的速度是每分鐘75m，請問哥哥出發幾分鐘後可以追上妹妹？

當哥哥x分鐘後追上妹妹時，速度、時間和路程的關係

	哥哥	妹妹
速度（m/min）	75	50
時間（分）	x	$5+x$
路程（m）	$75x$	$50（5+x）$

路程＝速度×時間

哥哥追上妹妹時，

$\boxed{哥哥前進的路程}＝\boxed{妹妹前進的路程}$

所以，方程式為$\underline{75x}=\underline{50（5+x）}$

解完方程式可得$x=10$→10分鐘後

因哥哥10分鐘可前進的距離是75×10＝750（m），所以若家裡到車站的距離短於750m，哥哥就不可能追上妹妹。

明明用飛的就快多了

MEMO

2位數的自然數：十位數的數字為a，個位數的數字為b的自然數➡可表示為$\boxed{10a+b}$。

例 個位數數字是7的2位數自然數，假設十位數數字是x，此數可寫成$\boxed{10x+7}$。

☑ 檢查表

☐ 會解方程式的應用題
☐ 會解比例式的應用題

中學1年級

1. 函數與正比

本節要學習2個會同時改變的數量的關係。
請用關係式來表示兩者的關係吧。

◆ 判斷是不是函數!

假設有2個會同時改變的數量x和y…… ➡ x的值確定時… ┌ 可得出唯一的y值 ➡ y是x的函數!

└ 可得出不只一個的y值 ➡ y不是x的函數。

函數的例子

正方形

$x$cm

面積 $y$cm²

邊長$x$cm確定時,可得出唯一的面積$y$cm² ➡ y是x的函數。

*像x、y這種可以帶入各種數值的符號就稱為變數。

不是函數的例子

體重 y kg 身高 x cm

即使身高$x$cm確定,仍無法得出唯一的體重$y$kg ➡ y不是x的函數。

我的體重是秘密

◆ 記住正比的關係式和性質!

記下來吧!

正比的關係式

$$y = ax$$
↑
比例常數

當y是x的函數,且兩者可用這樣的式子表示時,我們就說y與x成正比。

正比的性質

① 若x的值變成2倍、3倍……,y的值也會變成2倍、3倍……。

② 當$x \neq 0$時,商$\frac{y}{x}$的值固定不變,等於比例常數a。
↑
用來表示固定不變的數的符號就稱為常數。

常數a　變數x

變域是什麼?

所謂的變域,就是**可取的變數範圍**,用不等號來表示。

例

- x 在 0 以上 未滿 3 ➡ $0 \leq x < 3$ - - - - - - - - -
  包含 0　　　不包含 3
- x 大於 -1 但在 2 以下 ➡ $-1 < x \leq 2$ - - - - - -
  不包含 -1　　　包含 2

畫成數線
像這樣

（包含該數的時候用 ●,不含該數的時候用 ○。）

 怎麼確定 y 與 x 是否成正比?

當數式是 $y = ax$ 這種形式時,就代表 x 和 y 成正比。

例

先確認以時速 4km 行走 x 小時,與路程 $y$km 之間的關係。

把數字和符號代入用文字寫成的算式後,根據路程=速度×時間的關係,

$$y \ = \ 4 \ \times \ x \rightarrow y = 4x \cdots ①$$

根據①,由於式子的形式為 $y = ax$,故 y 和 x 成正比。比例常數為 4。

 如何求出正比的關係式?

先寫出關係式 $y = ax$,再代入 x、y 的值,求出 a 的值。

例

y 與 x 成正比,當 $x = 6$ 時 $y = -18$

①因為 y 與 x 成正比,故假設比例常數為 a,則

$y = ax$
　　代入 $y = -18$
②$y = ax$ ➡ $-18 = a \times 6$,故 $a = -3$
　　代入 $x = 6$
③因為 $a = -3$,故關係式為 $y = -3x$

 檢查表

□ 了解函數的意義
□ 明白正比的關係式和性質
□ 能求出正比的關係式

27

正比和反比

2. 座標與正比圖形

本節要學習表示點的位置的「座標」。
請記住正比圖形的特徵。

◆可表示位置的便利工具

座標

地球上所有的地點，都可以用緯度和經度
這2個數字的組合來表示。而緯度和經度使
用的正是座標的概念。

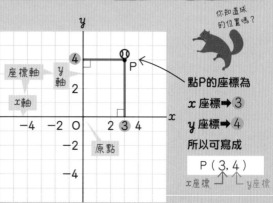

你知道球
的位置嗎？

點P的座標為

x 座標➡ 3

y 座標➡ 4

所以可寫成

P (3 , 4)

x座標　　y座標

◆來看看正比圖形吧！

$y = ax$ 的圖形　➡ 通過原點的直線。

是從下到上？
還是從上到下？

當 a > 0 時

當 a < 0 時

由左下向
右上傾斜

由左上向
右下傾斜

增加

增加

增加

減少

a > 0　　a < 0

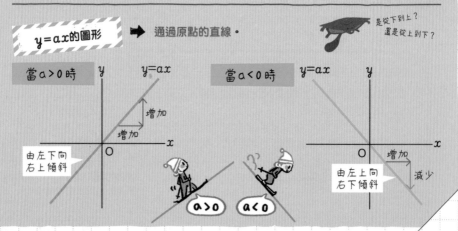

正比圖形的畫法？

畫一條通過原點和原點以外另一個點的直線。

「另一個點」請選 x 座標和 y 座標都是整數的點。

例

$y=2x$ 的圖形

➡ 當 $x=1$ 時，$y=2\times1=2$，所以要畫一條通過
原點和點（1，2）的直線。

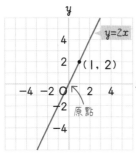

 原來如此

● 畫畫看！

$y=-3x$ 的圖形

➡ 當 $x=1$ 時，$y=($　　$)$

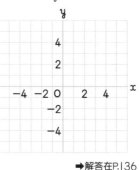

➡ 解答在 P.136

➡ 解答在 P.136

 怎麼從正比圖形反求關係式？

要先看懂
座標喔！

在 $y=ax$ 代入該圖形有通過的點的座標，即可求出 a 的值。

第一步先找出 x 座標和 y 座標都是整數的點吧。

例

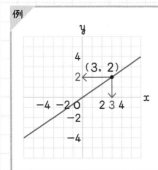

因為左方圖形有通過
點（3，2）

代入 $y=2$

$y=ax$

代入 $x=3$

$2=a\times3$，故 $a=\dfrac{2}{3}$

關係式為 $y=\dfrac{2}{3}x$

☑ **檢查表**

□ 會用座標表示位置
□ 會畫正比圖形
□ 能從正比圖形求出關係式

3. 反比

本節要學習表示反比的關係式及其性質。
請記住反比圖形的特徵。

◆ 記住反比的關係式和性質！

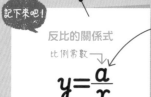

記下來吧！

反比的關係式

比例常數

$$y = \frac{a}{x}$$

當 y 是 x 的函數，且兩者可用這樣的式子表示時，我們就說 y 和 x 成反比。

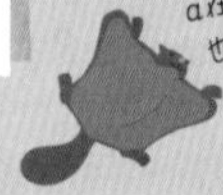

a 在反比中也稱為比例常數！

反比的性質

① 當 x 的值變成2倍、3倍……時，y 的值會變成 $\frac{1}{2}$ 倍、$\frac{1}{3}$ 倍……。

② 積 xy 的值固定不變，等於比例常數 a。 ➡ $xy = a$

◆ 這就是反比圖形！

$y = \frac{a}{x}$ 的圖形 ➡ 對稱於原點的2條平滑曲線（雙曲線）。

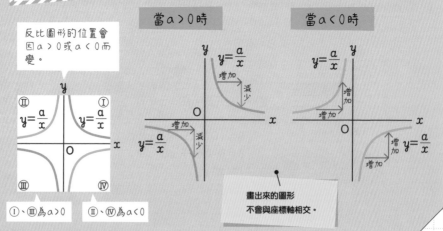

反比圖形的位置會因 $a > 0$ 或 $a < 0$ 而變。

當 $a > 0$ 時

當 $a < 0$ 時

$y = \frac{a}{x}$

$y = \frac{a}{x}$

增加

減少

增加

減少

增加

增加

增加

增加

Ⅱ $y = \frac{a}{x}$　Ⅰ $y = \frac{a}{x}$

Ⅲ　　　Ⅳ

Ⅰ、Ⅲ為 $a > 0$　　Ⅱ、Ⅳ為 $a < 0$

畫出來的圖形不會與座標軸相交。

如何求出反比的關係式？

• 先寫出反比的關係式 $y=\dfrac{a}{x}$ ，再代入 x、y 的值，求出 a 的值。

例

y 與 x 成反比，當 $x=4$ 時 $y=-2$

① 因為 y 與 x 成反比，故假設比例常數為 a，則 $y=\dfrac{a}{x}$

② $y=\dfrac{a}{x}$　代入 $y=-2$ ⟶ $-2=\dfrac{a}{4}$，故 $a=-8$

　　　代入 $x=4$

　　　> a 的值也可以用 $xy=a$，代入 x、y 得到 $4\times(-2)=a$，故可求出 $a=-8$ ！

③ 因為 $a=-8$，故關係式為 $y=-\dfrac{8}{x}$

• 從圖形反求關係式時，要先找出圖形有通過的點的座標。

例

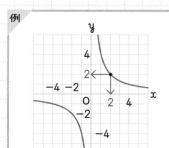

因為左方圖形有通過點 (2, 2)

$y=\dfrac{a}{x}$　代入 $y=2$

　　　代入 $x=2$

$2=\dfrac{a}{2}$，故 $a=4$

關係式為 $y=\dfrac{4}{x}$

要取哪個座標呢？

memo

反比圖形的畫法：例 $y=\dfrac{6}{x}$ 的圖形

① 將對應的 x、y 的值整理成表格。

平滑地！

x	…	-6	-4	-3	-2	-1	0	1	2	3	4	6	…
y	…	-1	-1.5	-2	-3	-6	×	6	3	2	1.5	1	…

② 將 x、y 值的數對描繪在座標圖上。

③ 把所有②的點平滑地連成 2 條曲線。

☑ 檢查表

☐ 明白反比的關係式和性質
☐ 能求出反比的關係式
☐ 能畫出反比圖形

第 4 章

3 反比

Ⅰ. 直線、角和圖形的移動

本節要學習直線、角以及平面圖形的移動。
請記住基本的術語吧。

◆ 首先記住這個！

直線AB

…可無限延長的直線

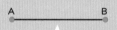

線段AB

…直線的一部分，有2個端點

射線AB

…一邊有端點，另一邊則是無限延長的直線

端點的字母先寫

◆ 圖形的移動有這3種！

平移

將圖形朝特定方向滑動一定距離。

▶每個對應點連成的線段都平行且長度相等。

旋轉

將圖形以某點為中心，旋轉一定角度。

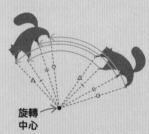

旋轉中心

▶每個對應點到旋轉中心的距離相等。對應點和旋轉中心連成的角全部相等。

鏡像翻轉

將圖形沿著1條直線翻轉。

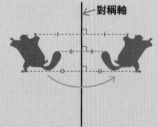

對稱軸

▶每個對應點連成的線段都可被對稱軸垂直平分。

如何用數學術語表示角和直線的關係？

使用∠、⊥、∥等符號表示。

例

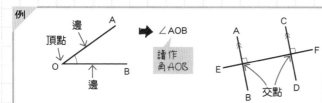

邊 A
頂點
邊
O B

➡ ∠AOB

讀作
角AOB

A C F
E
B 交點 D

➡ 直線AB與EF垂直
…AB⊥EF
直線AB與CD平行
…AB∥CD

讀作AB垂直於EF，
AB平行於CD

 如何畫平移的圖形？

每個點都朝相同方向移動相同距離。

例

將下圖的△ABC，沿著箭頭OP的方向移動OP的長度，即可畫出平移後的△A´B´C´。

📖 範例

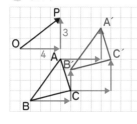

點P是點O向右移動4格、向上移動3格後的點。
點A、B、C分別向右移動4格、向上移動3格後的點是A´、B´、C´，最後把這3點連起來即可。

✏️ 畫畫看！

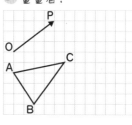

➡解答在P.136

・兩點之間最短的直線就是線段，而線段的長度就是兩點之間的距離。
・兩線垂直時，一方是另一方的垂線。
・點到直線的距離，就是該點到直線連成的垂線長度。
・兩直線平行時，線上所有點到另一條線的距離皆相同。

移動了
很多喔

☑ 檢查表

□ 了解直線的種類
□ 會使用符號表示角、垂直和平行關係
□ 明白平移、旋轉、鏡像翻轉的特性

第5章

|

直線、角和圖形的移動

平面圖形

2. 圖形與作圖

本節要學習各種圖形的作圖方法。
在作圖的時候，只使用直尺和圓規來畫圖。

◆ 記住3個基本畫法！

垂直平分線的畫法

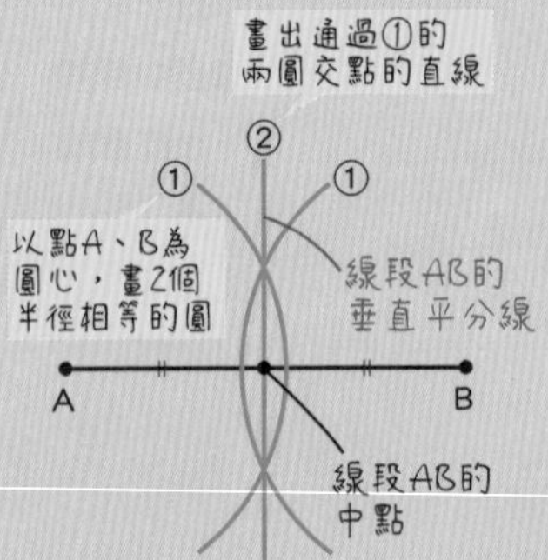

畫出通過①的兩圓交點的直線

以點A、B為圓心，畫2個半徑相等的圓

②

①　①

線段AB的垂直平分線

A　B

線段AB的中點

垂直平分線就是通過線段中點，且與該線段垂直相交的直線。

角平分線的畫法　你會畫嗎？

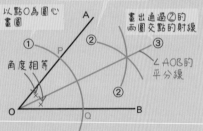

以點P、Q為圓心，畫2個半徑相等的圓

以點O為圓心畫圓

A

①　②

③

P

畫出通過②的兩圓交點的射線

∠AOB的平分線

角度相等

②

O　Q　B

角平分線就是把1個角分成2等分的射線。

垂線的畫法　從不在直線ℓ上的點P畫一條與直線ℓ垂直的線。

〈方法1〉

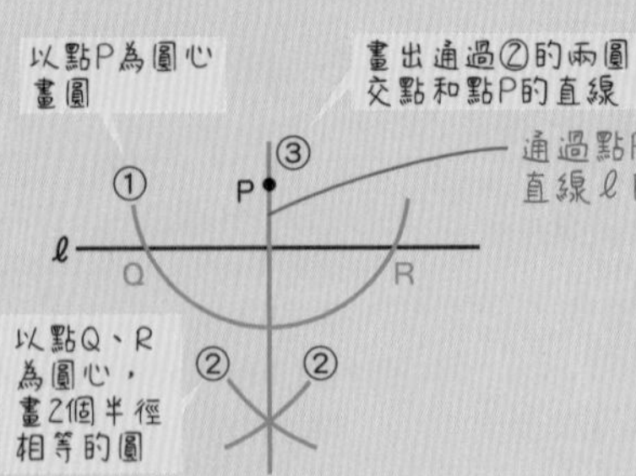

以點P為圓心畫圓

畫出通過②的兩圓交點和點P的直線

①　③

P

通過點P的直線ℓ的垂線

ℓ　Q　R

以點Q、R為圓心，畫2個半徑相等的圓

②　②

〈方法2〉

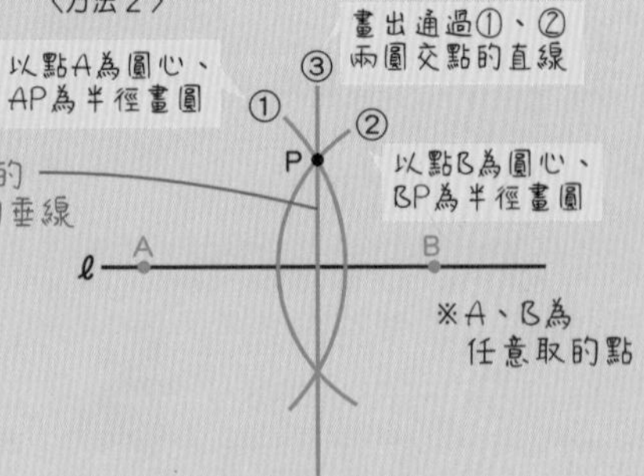

畫出通過①、②兩圓交點的直線

以點A為圓心、AP為半徑畫圓

①　③　②

P

以點B為圓心、BP為半徑畫圓

ℓ　A　B

※A、B為任意取的點

Q 中點要怎麼畫？

利用**垂直平分線**來畫。

例

請在下圖的△ABC中，找出邊AC的中點M。

📖 範例

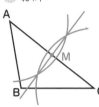

以點A、C為圓心，畫2個半徑相等的圓。畫出通過兩圓交點的直線，該線與邊AC的交點就是中點M。

✏️ 畫畫看！

➡解答在P.136

Q 三角形的高畫得出來嗎？

利用**垂線**就可以畫出來。

例

請在右圖的△ABC中，畫出以邊BC為底邊的高AH。

只要將邊BC往B的方向延長，再畫出通過點A的直線BC的垂線，並以兩線的交點為H，就能畫出三角形的高。

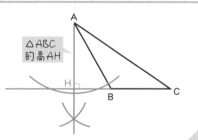

△ABC的高AH

・與兩點A、B距離相等的點，必然位在線段AB的垂直平分線上。（圖1）
・與任意角的兩邊OA、OB距離相等的點，必然位在∠AOB的角平分線上。（圖2）

（圖1）

（圖2）

✅ 檢查表

☐ 垂直平分線的畫法
☐ 角平分線的畫法
☐ 垂線的畫法

3. 圓和扇形

本節要學習圓形和扇形。
請學會如何求出它們的面積和周長吧。

◆ 首先記住這個！

圓與扇形

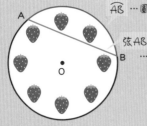

$\overparen{AB}$ …圓周的一部分

弦 AB
…圓周上的兩點連成的線段

半徑

弧

扇形

$\overparen{CD}$ 所對的圓心角
…兩半徑夾成的角

半徑

＊弧 AB 可寫成 $\overparen{AB}$。

這裡是重點

半徑與圓心角相等的2個扇形，其弧長和面積也相等。

圓的切線

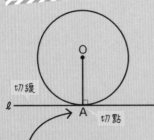

切線

切點

當直線 ℓ 與圓O交於圓周上的1點A時，我們就說直線 ℓ 與圓O相切。

圓的切線與通過切點的半徑垂直。
換言之，左圖中 $\ell \perp OA$。

如何畫出切線……

以點A為切點的圓O的切線，只要畫一條通過點A且與直線OA垂直的線就行了。

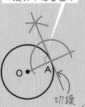

切線與半徑垂直！

切線

如何用數學符號表示圓周長和面積的公式？

圓周長可寫成 $\ell = 2\pi r$，圓面積則是 $S = \pi r^2$。

（圓周率是 π、半徑是 r、圓周長是 ℓ、面積是 S）

例

要計算半徑3cm的圓的圓周長和面積時，

只要把 $r = 3$ 代入公式，即可算出

　圓周長是 $2\pi \times 3 = 6\pi$（cm）

　面積是 $\pi \times 3^2 = 9\pi$（cm^2）

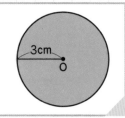
3cm
O

 扇形的弧長和面積怎麼算？

弧長是 $\ell = 2\pi r \times \dfrac{a}{360}$，面積是 $S = \pi r^2 \times \dfrac{a}{360}$ 或 $S = \dfrac{1}{2}\ell r$。

（圓周率是 π、半徑是 r、圓心角 $a°$ 的扇形弧長為 ℓ、面積是 S）

例

計算半徑10cm、圓心角72°的扇形弧長和面積，

　弧長是 $2\pi \times 10 \times \dfrac{72}{360} = 4\pi$（cm）

　面積是 $\pi \times 10^2 \times \dfrac{72}{360} = 20\pi$（$cm^2$）

　（也可以由弧長 ℓ 為 4π cm，故 $\dfrac{1}{2} \times 4\pi \times 10 = 20\pi$（$cm^2$）求出面積。）

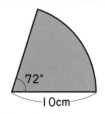
72°
10cm

一個圓的扇形弧長和面積，
與圓心角的大小成正比。

我想吃
草莓蛋糕

☑ **檢查表**

☐ 了解圓和扇形的數學術語
☐ 能求出扇形的弧長和面積

空間圖形

1. 各種立體圖形

本節要介紹各種立體圖形。
請記住立體圖形的特徵吧。

◆ 首先記住這個！

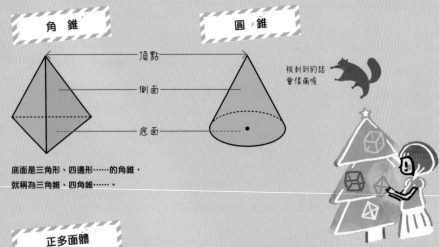

角 錐	圓 錐

頂點

側面

底面

被刺到的話
會很痛喔

底面是三角形、四邊形……的角錐，
就稱為三角錐、四角錐……。

正多面體

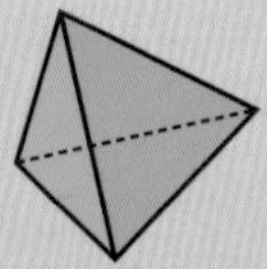

多面體
全部由平面組成
的立體圖形。

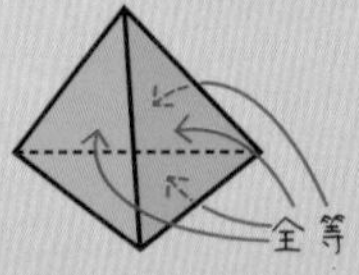

全等

正多面體
所有面都是全等的正多邊形，且所有頂
點都由相同數量的面組成的多面體。
正多面體不會有凹陷處。

正多面體有下面5種。

正四面體

正六面體

正八面體

正十二面體

正二十面體

角錐的側面跟圓錐展開圖的側面分別是什麼形狀？

角錐是三角形，圓錐是扇形。請用展開圖來確認看看吧。

例

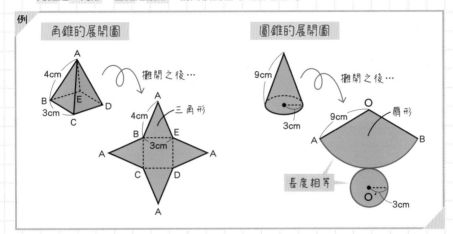

角錐的展開圖

攤開之後…

三角形

圓錐的展開圖

攤開之後…

扇形

長度相等

 角柱和角錐的面的形狀與數量，以及邊數分別為何？

每種立體都不一樣。請自己畫圖檢查看看吧。

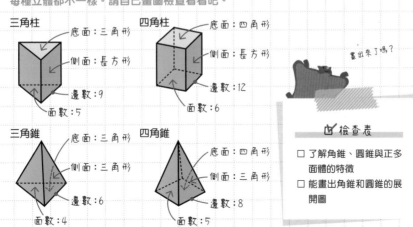

三角柱
底面：三角形
側面：長方形
邊數：9
面數：5

四角柱
底面：四角形
側面：長方形
邊數：12
面數：6

畫出來了嗎？

三角錐
底面：三角形
側面：三角形
邊數：6
面數：4

四角錐
底面：四角形
側面：三角形
邊數：8
面數：5

✔ 檢查表

☐ 了解角錐、圓錐與正多
面體的特徵
☐ 能畫出角錐和圓錐的展
開圖

空間圖形

2. 空間內的直線和平面

本節要學習空間內的直線和平面的位置關係。
請記住兩平面、直線和平面、兩直線之間的位置關係吧。

◆ 記住彼此的位置關係!

兩平面 (平面與平面) 的位置關係

① 相交

兩平面相交時,
交接處是一條直線

② 平行

好 要拍囉

*不在同一直線上的3個
點只會通過一個平面。

直線與平面的位置關係

① 相交

② 平行

沒有
交集!

③ 直線在平面上

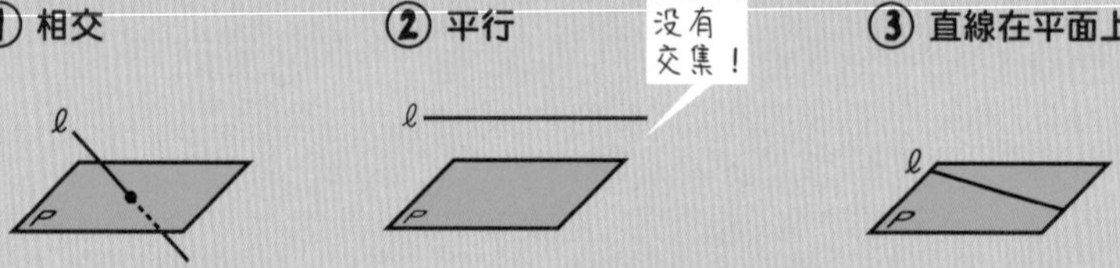

兩直線 (直線與直線) 的位置關係

① 相交

位在同一平面上

② 平行

沒有
交集

③ 歪斜

不在同一
平面上

*歪斜…兩直線不是平行,也沒有交集
的位置關係

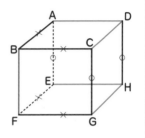
原來如此

Q 要如何看出兩直線是否為歪斜關係?

找出不是平行,也沒有交集的2條直線吧。

例

右圖的長方體中,與邊BF為歪斜關係的邊,就是扣掉
與BF平行的邊(○)和與BF垂直相交的邊(×)後剩
下的邊。

因此,答案是邊AD、邊CD、邊EH、邊GH。

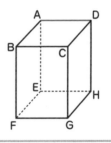

✏ 畫畫看!

請問右圖的長方體中,哪幾條邊與邊AD是
歪斜的關係。

➡ 首先,把與AD平行的邊打○。

➡ 接著,把與AD垂直的邊打×。

( )

➡解答在P.136

➡解答在P.136

memo

・右圖中,AO⊥ℓ、BO⊥ℓ時,
∠AOB為兩平面P、Q的夾角。
當∠AOB=90°時,
兩平面P、Q為垂直。

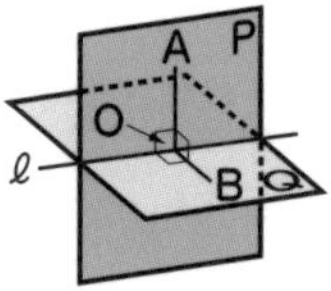

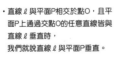

・直線ℓ與平面P相交於點O,且平
面P上通過交點O的任意直線皆與
直線ℓ垂直時,
我們就說直線ℓ與平面P垂直。

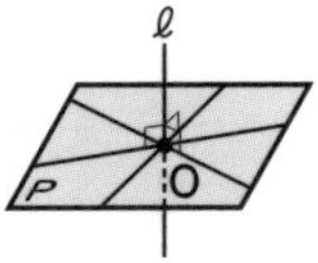

我的尾巴
歪掉了…

☑ 檢查表

□ 了解兩平面的位置關係
□ 了解直線與平面的位置
　關係
□ 了解兩直線的位置關係

第
6
章

2

空
間
內
的
直
線
和
平
面

空間圖形

3. 立體圖形的各種觀察法

本節要學習面可以移動的立體圖形，以及從各種角度觀察立體時可看見的圖形。請讓自己可以在腦中想像這些圖形吧。

◆ 試著移動面吧！

平行移動面後形成的立體圖形

將多邊形或面往與自身垂直的方向平行移動。

會變成哪種立體圖形呢？

三角形移動後就是… 三角柱！

圖移動後就是… 圓柱！

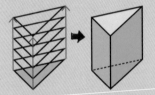 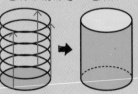

*原始圖形的邊緣移動形成的面就稱為側面。而原始圖形移動的距離就是高。

旋轉體

將平面圖形以該平面上的直線為軸旋轉1圈。這個軸又稱為旋轉軸。

直角三角形旋轉後就是… 圓錐！

母線
…形成側面的線段

半圓旋轉後就是… 球！

 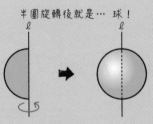 

旋轉體有哪些？

旋轉平面圖形可以形成各種立體圖形。請自己畫圖看看吧。

這個形狀… 好像蛋糕！　　　把圓拉離旋轉軸就變… 甜甜圈！　　　換成長方形則是… 年輪蛋糕！

扇形加三角形是…冰淇淋！　　　鋸齒形是… 椅子？

我想吃甜甜圈

這裡是重點

沿著旋轉軸所在平面把圖形切開，其切口會是一個以旋轉軸為中線的線對稱圖形。

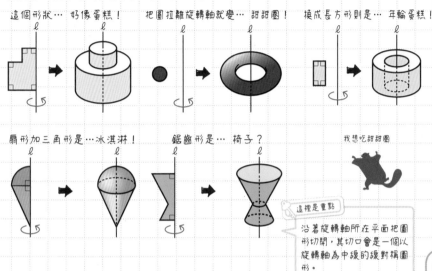

 從正面或正上方看四角錐會是什麼形狀？

從正面看是三角形，從正上方看是四邊形。

四角錐從正面看的圖形（立面圖），以及從正上方看的圖形（平面圖）分別如下。立面圖和平面圖組合表示的圖，就稱為投影圖。

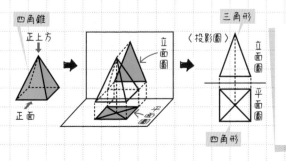

四角錐
正上方
立面圖
正面

〈投影圖〉
三角形
立面圖
平面圖
四角形

☑ 檢查表

□ 了解由面平行移動所形成的立體圖形
□ 認識旋轉體
□ 認識立體圖形的投影圖

43

空間圖形

4. 立體的表面積和體積

請記住立體的表面積和體積的算法吧。
確實把公式背下來很重要。

◆ 表面積可以這樣算。

※圓周率為 π。

 好久沒算數了

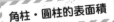 **角柱・圓柱的表面積**

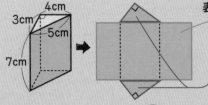

表面積＝側面積＋底面積×2

$$7 \times (3+5+4) + \left(\frac{1}{2} \times 3 \times 4\right) \times 2$$
$$= 84+12 = 96 \, (\text{cm}^2)$$

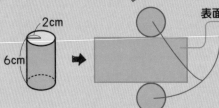

表面積＝側面積＋底面積×2

$$6 \times (2\pi \times 2) + (\pi \times 2^2) \times 2$$
$$= 24\pi + 8\pi = 32\pi \, (\text{cm}^2)$$

角錐・圓錐的表面積

因為側面的扇形弧長和底面的圓
的圓周相等，故

$$\frac{2\pi \times 3}{2\pi \times 8} = \frac{3}{8} \, , \quad 360° \times \frac{3}{8} = 135°$$

↑ 扇形的弧長與
圓心角成正比

側面扇形的
圓心角

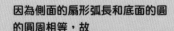

 表面積＝側面積＋底面積

$$\pi \times 8^2 \times \frac{135}{360} + \pi \times 3^2$$
$$= 24\pi + 9\pi = 33\pi \, (\text{cm}^2)$$

角柱・圓柱和角錐・圓錐的體積要怎麼算？

利用公式來計算。

 記下來吧！

角柱的體積　$V=Sh$　　　圓柱的體積　$V=\pi r^2 h$

角錐的體積　$V=\dfrac{1}{3}Sh$　　圓錐的體積　$V=\dfrac{1}{3}\pi r^2 h$

（底面積 S、高 h、體積 V、圓周率 π、底面的半徑 r）

例

如右圖，計算底面單邊為5cm的正方形、高6cm的正四角錐
的體積。

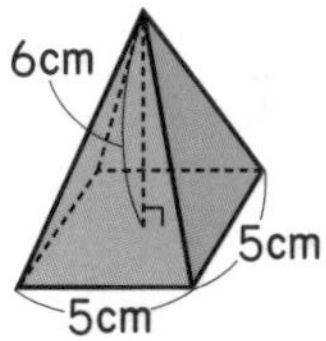

體積為 $\dfrac{1}{3}\times 5\times 5\times 6=50$（cm³）

 球的表面積和體積要怎麼算？

同上，利用公式來計算。

圓滑地計算！

 記下來吧！

球的表面積　$S=4\pi r^2$　　球的體積　$V=\dfrac{4}{3}\pi r^3$

（表面積 S、體積 V、圓周率 π、半徑 r）

例

如右圖，計算半徑為6cm的球的
表面積和體積。

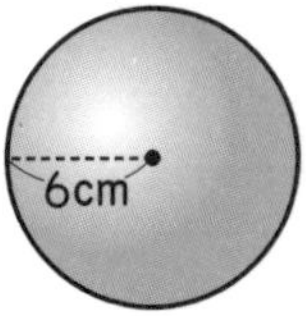

表面積為

$4\times\pi\times 6^2=144\pi$（cm²）

體積為 $\dfrac{4}{3}\times\pi\times 6^3=288\pi$（cm³）

☑ **檢查表**

□ 了解立體圖形的表面積
　計算法
□ 了解立體圖形的體積計
　算法

中學1年級

1. 資料的分布、代表值和近似值

本節要學習資料的分布、代表值和近似值。
請學會把資料整理成表格或圖，並解讀資料的傾向吧。

◆ 利用次數的表示方法。

分布？

次數分配表

用來分類
資料的
區間
組距
…區間大小

把資料分成數個組別，並列出每組的出現次數，以顯示資料的大略分布情況的表格就稱為次數分配表。

右表是某中學40位一年級學生的通學時間的次數分配表。

通學時間

組限（分）	次數（人）
以上　未滿	
5～10	5
10～15	8
15～20	14
20～25	10
25～30	3
合計	40

每個組限
的資料
個數

組中點
…組限正中間的值

例 上表的組距是5分鐘。
10分鐘以上、未滿15分鐘的組限的組中點是12.5分。

直方圖和折線圖

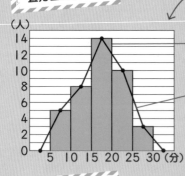

直方圖
用柱狀的長條來表示次數分布情形的圖。

折線圖
由直方圖中各長條的頂邊中點連成的折線。兩端延伸到橫軸上。
又稱為次數多邊圖。

相對次數

記下來吧！

$$相對次數 = \frac{該組別的次數}{次數合計}$$

例 次數合計為40人，而通學時間在20分以上不滿25分的組別的次數為10人。

➡ 此組的相對次數為 $\frac{10}{40}$ ＝0.25。

代表值是什麼？

代表整體資料，用來顯示此份資料特徵的數值。代表值有**平均數**、**中位數**、**眾數**等種類。

平均數 ＊用次數分配表計算時

$$平均數＝\frac{（組中點×次數）的合計}{次數合計}$$

右表的平均值是

$570÷20＝28.5$（分）。

20名學生昨天的讀書時間

組限（分）	組中點（分）	次數（人）	組中點×次數
以上　未滿			
0～15	7.5	3	22.5
15～30	22.5	7	157.5
30～45	37.5	9	337.5
45～60	52.5	1	52.5
合計		20	570.0

中位數

將所有資料的值依大小順序排列後，位於最中間的那個值。

右邊的資料依大小順序排序是

150、151、152、153、155、157、159、160

8名學生的身高（cm）

151	153	150	155
160	157	159	152

此時中位數就是第4個數和第5個數的平均值，故為（$153＋155$）$÷2＝154$（cm）

眾數

在所有資料中出現最多次的值。在次數分配表中，也就是次數最多的組的組中點。

右表中，次數最多的組是75g以上不滿80g的組，此組的組中點就是

眾數，也就是 $\frac{75＋80}{2}＝77.5$（g）。

1個橘子的重量

組限（g）	次數（個）
以上　未滿	
70～75	6
75～80	11
80～85	9
85～90	4
合計	30

 如何表示資料的分布情況？

用資料中的**最大值**和**最小值**的差來表現**範圍**。

例

右邊的資料是某中學10名一年級女生50m短跑的成績。

求這份成績的範圍。

成績的最大值是10.5秒，最小值為8.3秒。

因此這筆資料的範圍是$10.5－8.3＝2.2$（秒）。

50m短跑的成績（秒）

9.5	9.1
10.2	8.5
8.3	9.6
8.8	10.5
9.7	8.9

什麼是近似值？

像是測定值或四捨五入所得的值等，接近但不等於真實值的值。

例

對某數 a 的小數第一位四捨五入後所得的近似值為
18。此時，a 值的範圍如右，為 $17.5 \leq a < 18.5$。
另外，近似值與真實值之間的差就稱為誤差。
右邊的誤差的絕對值在 0.5 以下。

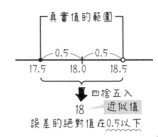

 什麼是有效數字？

即表示近似值的數字中，可以信賴的數字。想清楚標示出有效數字的時候，可以用整數部分只有 1 位數的數和 10 的累乘的積來表示。

例

假設某物重量的測定值為 $1820g$，且有效數字為 1、8、2，請用
（整數部分為 1 位數的數）×（10 的累乘）來表示這個測定值。
因為有效數字是 1、8、2，所以用整數部分為 1 位數的數表示是 1.82。
如 1.8 2 0.，是將小數點往左移動 3 位，因此要變回原本的 1820
則需要乘上 10^3。所以可以寫成 $1.82 \times 10^3 g$。

這樣中學
1年級
就學完了！

☑ 檢查表

☐ 看得懂次數分配表
☐ 能畫出直方圖
☐ 能求出相對次數　　☐ 能求出代表值
☐ 明白近似值與有效數字

中學1年級
的自我評量

確認一下是否已學會了各章的內容吧。
請在答錯的問題的□中打勾,重新看看錯在哪裡吧。

★解答在P.136

第1章 正負數

□ ❶ 假如「氣溫會比現在高3℃」可寫成+3℃,那麼請以正負數表示「比現在低2℃」。

〔   〕

□ ❷ 請問絕對值是6的數有哪些。 〔   〕

◆請計算下列❸～⓯。

□ ❸ $(-2)+(-3)$ 〔   〕 □ ❹ $(-5)+(+4)$ 〔   〕

□ ❺ $(-1)-(-7)$ 〔   〕 □ ❻ $(-6)-(+3)$ 〔   〕

□ ❼ $(-8)-(-2)-(-5)+(-3)$ 〔   〕

□ ❽ $5-7+8-12$ 〔   〕

□ ❾ $(-2)×(-4)$ 〔   〕 □ ❿ $(-12)÷(-6)$ 〔   〕

□ ⓫ $(-6)×(+5)$ 〔   〕 □ ⓬ $(-15)÷(+3)$ 〔   〕

□ ⓭ $(-16)÷\dfrac{4}{5}×(-2)$ 〔   〕

□ ⓮ $5×(-3)^2-(5-23)÷(-9)$ 〔   〕

□ ⓯ $\left(\dfrac{2}{3}+\dfrac{3}{4}\right)×(-12)$ 〔   〕

第2章 代數和代數式

□ ❶ 請把$a×a×b×1$寫成代數式。 〔   〕

□ ❷ 請把$a÷(-5)$寫成代數式。 〔   〕

□ ❸ 請把$a×8+b÷(-2)$寫成代數式。 〔   〕

□ ❹ 「拿200元買5個定價x元的糖果,可找回的零錢為?」,請用代數式表示。

〔   〕

□ ⑤ 請用代數式表示「y cm繩子的40%的長度」。　　　　　　　　　　〔　　　　　〕

□ ⑥ 請求$x=-4$時，$3x+7$的值。　　　　　　　　　　　　　　　　〔　　　　　〕

◆請計算下列⑦～⑭。

□ ⑦ $6x+2x$　　　　　　〔　　　　　〕　　□ ⑧ $4x+3+(5x-7)$　　〔　　　　　〕

□ ⑨ $8x-3-(6x-2)$　〔　　　　　〕　　□ ⑩ $9x \times 2$　　　　　　〔　　　　　〕

□ ⑪ $24x \div 8$　　　　　〔　　　　　〕　　□ ⑫ $5(7x+6)$　　　　　〔　　　　　〕

□ ⑬ $(18a-15) \div 3$　　〔　　　　　〕　　□ ⑭ $\dfrac{x-5}{4} \times 8$　　　　〔　　　　　〕

第3章　方程式

◆請求出下列❶～❻的方程式，以及❼、❽的比例式的解。

□ ❶ $7x=-2x+27$　　　〔　　　　　〕　　□ ❷ $5x+9=3x-7$　　　〔　　　　　〕

□ ❸ $-4x+5=-8x+3$　〔　　　　　〕　　□ ❹ $2x-4(3x+1)=6$　〔　　　　　〕

□ ❺ $\dfrac{3}{5}x+4=\dfrac{1}{3}x$　　　〔　　　　　〕　　□ ❻ $x+1.5=0.7x-0.6$　〔　　　　　〕

□ ❼ $12:x=3:7$　　　〔　　　　　〕　　□ ❽ $4:9=16:x$　　　　〔　　　　　〕

□ ❾ 把一盒餅乾分給數名學生，每人分3塊會剩下6塊，每人分5塊會少4塊。請問一共有多少名學生。　　　　　　　　　　　　　　　　　　　　　　　　　〔　　　　　〕

□ ❿ 現實中300m的距離在某地圖上為5cm，請問在地圖上距離16cm的圖書館和郵局，在現實中距離多少m。

〔　　　　　〕

第4章　正比和反比

□ ❶ 邊長x cm的正五邊形的周長為y cm，請問y是否為x的函數。　　〔　　　　　〕

□ ❷ 購買x枝定價120元的玫瑰花，總價是y元，請寫出x和y的關係式。

〔　　　　　〕

□ ❸ 請寫出❷的比例常數。　　　　　　　　　　　　　　　　　　　〔　　　　　〕

□ ❹ 變數 x 是一個5以上但未滿9的值，請用不等號寫出 x 的變域。　〔　　　　〕

□ ❺ 變數 x 是一個大於 -4 但在1以下的值，請用不等號寫出 x 的變域。　〔　　　　〕

□ ❻ y 與 x 成正比，且當 $x=4$ 時 $y=-12$。請寫出 x 和 y 的關係式。　〔　　　　〕

□ ❼ 請回答右圖1的點A的座標。

　　　　　　　　　　　　　　〔　　　　〕

□ ❽ 請從右圖1的圖形，求出 x 和 y 的關係式。

　　　　　　　　　　　　〔　　　　〕

□ ❾ 請在右圖1中畫出 $y=-4x$ 的圖形。

圖1

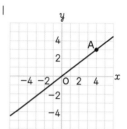

□ ❿ y 與 x 成反比，且當 $x=6$ 時 $y=2$。請寫出 x 和 y 的關係式。

　　　　　　　　　　　　　　　　〔　　　　　　〕

□ ⓫ 請回答右圖2的點B的座標。

　　　　　　　　　　　　〔　　　　〕

圖2

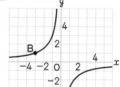

□ ⓬ 請從右圖2的圖形，求出 x 和 y 的關係式。

　　　　　　　　　　　〔　　　　〕

□ ⓭ 請在右圖2中畫出 $y=\dfrac{2}{x}$ 的圖形。

第5章　平面圖形

◆右圖的4個點A、B、C、D在同一條直線上。請回答下面的
　❶、❷。

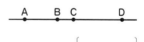

□ ❶ 請問線段AC上有幾個點。　　　　　　　　　　　　　〔　　　　〕

□ ❷ 請問射線DC上有幾個點。　　　　　　　　　　　　　〔　　　　〕

◆請根據右圖的正方形ABCD回答下面的 ❸～❺。

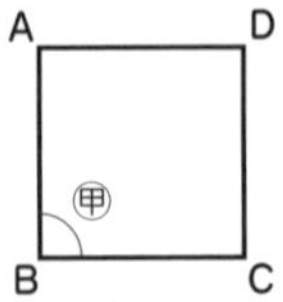

□ ❸ 請用幾何符號和A、B、C、D表示甲的角。

　　　　　　　　　　　　　　　　　　　　　〔　　　　　　〕

□ ❹ 請用幾何符號和A、B、C、D表示邊AB和邊BC的位置關係。

　　　　　　　　　　　　　　　　　　　　　〔　　　　　　〕

□ ❺ 請用幾何符號和A、B、C、D表示邊AB和邊CD的位置關係。

　　　　　　　　　　　　　　　　　　　　　〔　　　　　　〕

◆右圖是由全等的正三角形組成的圖形。請回答下面的 ❻～❽。

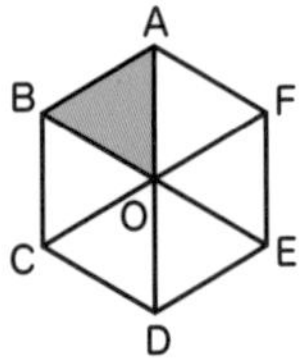

□ ❻ 請找出將△ABO平移之後可與其重合的三角形。

　　　　　　　　　　　　　　　　　　〔　　　　　　〕

□ ❼ 請找出將△ABO以點O為中心，旋轉180°後可與其重合的三角形。

　　　　　　　　　　　　　　　　　　〔　　　　　　〕

□ ❽ 請找出將△ABO以AO為對稱軸鏡像翻轉後可與其重合的三角形。　　〔　　　　〕

□ ❾ 請在右圖中畫出∠AOC、∠BOC的角平分線 OM和ON。

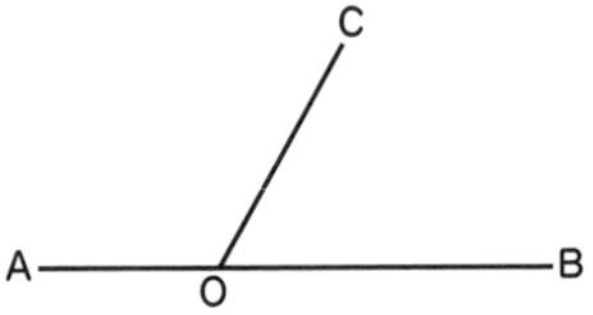

◆請根據右圖的圓O回答下面的 ❿～⓮。

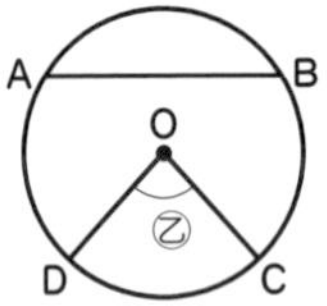

□ ❿ 請用幾何符號和A、B表示圓周上點A到點B的部分。

　　　　〔　　　　　　〕

□ ⓫ 請問兩點A、B連成的線段稱作？

　　　　　　　　　　　　　　　　　　　〔　　　　　　〕

□ ⓬ 請問半徑CO、DO和弧CD圍成的部分稱作？　　　〔　　　　　　〕

□ ⓭ 請問乙的角稱作？　　　　　　　　　　　　　　〔　　　　　　〕

□ ⓮ 請問通過點C，與半徑CO垂直的直線稱作？　　　〔　　　　　　〕

□ ⑮ 請回答半徑6cm的圓的圓周長和面積。假設圓周率為 π。

圓周長〔　　　　〕　面積〔　　　　〕

□ ⑯ 請回答半徑20cm、圓心角216°的扇形的弧長和面積。假設圓周率為 π。

弧長〔　　　　〕　面積〔　　　　〕

第6章　空間圖形

◆請在下面各種立體圖形的性質表中，填入❶～❻的正確答案。

	三角柱	四角柱	三角錐	四角錐
底面形狀	三角形	❶	三角形	四角形
側面形狀	長方形	長方形	❸	❺
邊數	9	❷	6	❻
面數	5	6	❹	5

◆請根據右圖的長方體，回答下面❼～❾。

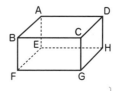

□ ❼ 請找出所有與邊AB平行的邊。

〔　　　　　　　　〕

□ ❽ 請找出所有與邊AB垂直相交的邊。

〔　　　　　　　　　　　　〕

□ ❾ 請找出所有與邊AB為歪斜關係的邊。　〔　　　　　　　　　　　　〕

□ ❿ 請寫出以直線 ℓ 為旋轉軸，將右圖1的長方形旋轉一圈後畫出的立體圖形名稱。

〔　　　　　〕

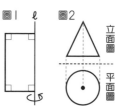

圖1　ℓ　　　圖2

立面圖

平面圖

□ ⓫ 請寫出右圖2的投影圖所表示的立體圖形名稱。

〔　　　　　〕

□ ⓬ 請回答底面半徑2cm、高9cm的圓柱的表面積。假設圓周率為 π。　〔　　　　　〕

□ ⑬ 請回答底面為底邊3cm、高4cm的直角三角形，高8cm的角柱的體積。　〔　　　　〕

□ ⑭ 請回答半徑9cm的球體的表面積和體積。假設圓周率為 π。

表面積〔　　　　〕　體積〔　　　　〕

第7章　資料的整理

◆右邊的資料為調查30名學生某天在家看電視的時間做成的表格。請根據此表回答下面❶～❻。

組限(分)	次數(人)
以上　　未滿 15～30	2
30～45	6
45～60	8
60～75	10
75～90	4
合計	30

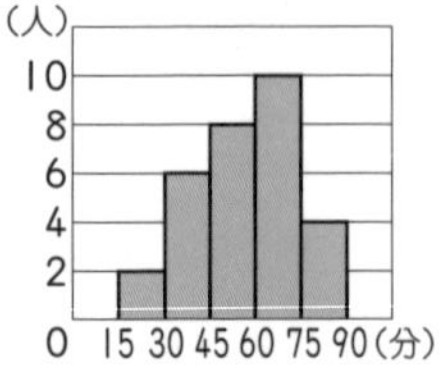

□ ❶ 請問次數最多的是哪組。

〔　　　　　　　〕

□ ❷ 請求出75分以上未滿90分的組的相對次數至小數點第2位。　　　　　　　　　　　　　〔　　　　　　　〕

□ ❸ 請在右邊的直方圖中畫出折線（次數多邊圖）。

□ ❹ 請求出平均數。　　　　　　〔　　　　　　　〕

□ ❺ 請問中位數在哪一組。

〔　　　　　　　〕

□ ❻ 請求出眾數。　　　　　　〔　　　　　　　〕

□ ❼ 在滿分10分的小考成績中，5位學生分別是3分、8分、7分、5分、1分。請問此結果的資料範圍。　　　　　　　　　　　　　　　　　〔　　　　　　　〕

□ ❽ 測量某物的長度，對小數點第1位四捨五入後的結果是12m。假設真實值為am，請用不等號寫出a值的範圍。　　　　　　　　　　　　〔　　　　　　　〕

□ ❾ 請問❽的誤差的絕對值在多少以下。　　　　　　〔　　　　　　　〕

□ ❿ 假設測定值2350g的有效數字為3位數，請用整數部分為1位數的數和10的累乘的積來表示此測定值。　　　　　　　　　　　　〔　　　　　　　〕

MY
STUDY
GUIDE

Mathematics

中學2年級

MSG MSG MSG MY STUDY GUIDE MY STUDY

GUIDE MY STUDY GUIDE MY STU MSG MSG

1. 單項式與多項式、多項式的加法‧減法

本節要認識單項式、多項式與次數的意義，
並學習多項式的加法和減法。

中學2年級

◆ 首先，認識代數式的項和次數吧！

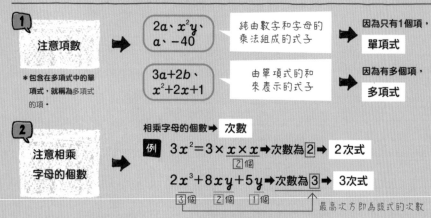

1 注意項數

*包含在多項式中的單項式，就稱為多項式的項。

$2a$、x^2y、a、-40　　純由數字和字母的乘法組成的式子　➡　因為只有1個項，**單項式**

$3a+2b$、x^2+2x+1　　由單項式的和來表示的式子　➡　因為有多個項，**多項式**

2 注意相乘字母的個數

相乘字母的個數 ➡ **次數**

例　$3x^2=3\times \underline{x\times x}$ ➡ 次數為 **2** ➡ **2次式**
　　　　　　　　②個

$2x^3+8xy+5y$ ➡ 次數為 **3** ➡ **3次式**
　　③個　　②個　　①個
　　　　　　　　　　　最高次方即為該式的次數

◆ 這就是多項式的加法‧減法的基礎！

同類項（字母部分相同的項）先整理集中！

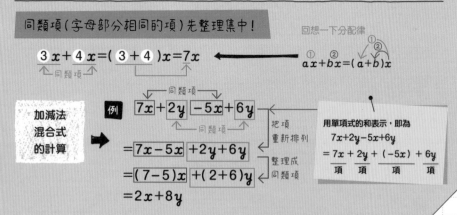

回想一下分配律

$\underline{3x}+\underline{4x}=(\underline{3+4})x=7x$　⬅　$\overset{①}{a}x+\overset{②}{b}x=(a+b)x$
　同類項

加減法混合式的計算 ➡

例　$\boxed{7x}+\boxed{2y}\;\boxed{-5x}+\boxed{6y}$　⬅ 把項重新排列
　　　　同類項

$=\boxed{7x-5x}+\boxed{2y+6y}$　⬅ 整理成同類項

$=\boxed{(7-5)x}+\boxed{(2+6)y}$

$=2x+8y$

用單項式的和表示，即為
$7x+2y-5x+6y$
$=\underset{項}{7x}+\underset{項}{2y}+\underset{項}{(-5x)}+\underset{項}{6y}$

$3x^2-6xy-4x+7xy$ 的同類項有哪些？

x 和 x^2 不是同類項

選出字母部分完全相同的項。

即使字母相同，次數不同的話就不是同類項。

$$3x^2-6xy-4x+7xy$$
$$=\boxed{3x^2}+\boxed{(-6xy)}+\boxed{(-4x)}+\boxed{7xy}$$

用單項式的和來表示

字母部分完全相同 ➡同類項是 $-6xy$ 和 $7xy$

 有括號的式子要怎麼算？

不能老是把括號放著不管

＋（　）直接拿掉括號。

－（　）要改變各項的正負號後再拿掉括號。

• 算式中有＋（　）的算法

$$(a+2b)+(3a-5b)$$ 拿掉括號
$$=a+2b\boxplus3a\boxminus5b$$
正負號不變
$$=a+3a+2b-5b$$ 把項重新排列
$$=(1+3)a+(2-5)b$$ 整理成同類項
$$=4a-3b$$

• 算式中有－（　）的算法

$$(a+2b)-(3a-5b)$$ 拿掉括號
$$=a+2b\boxminus3a\boxplus5b$$
改變正負號
$$=a-3a+2b+5b$$ 把項重新排列
$$=(1-3)a+(2+5)b$$ 整理成同類項
$$=-2a+7b$$

參考 排成直式也能計算喔！

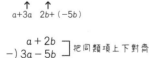

$$\begin{array}{r}a+2b\\+)\ 3a-5b\\\hline4a-3b\end{array}$$ 把同類項上下對齊
↑　↑
$a+3a$　$2b+(-5b)$

好像直式筆算

$$\begin{array}{r}a+2b\\-)\ 3a-5b\\\hline-2a+7b\end{array}$$ 把同類項上下對齊
↑　↑
$a-3a$　$2b-(-5b)$

也可以改變減數各項的正負號後，以加法計算

$$\begin{array}{r}a+2b\\\oplus)\ \ominus3a\oplus5b\\\hline-2a+7b\end{array}$$

 檢查表

□ 了解單項式、多項式和次數
□ 會整理同類項
□ 能進行多項式的加減法

2. 數和多項式的乘法・除法

本節要學習數 × 多項式和多項式 ÷ 數的計算。
同時也要懂得如何做數 × 多項式的加減法。

◆ 這就是數和多項式的乘除計算！

1 數×多項式
的算法

➡ **例**
$$3(2x-4y)$$
$$=3\times2x+3\times(-4y)$$
$$=6x-12y$$

> 這裡是重點
> 利用分配律拿掉括號。
> $\overset{①}{a}(\overset{②}{b}+\overset{③}{c})=\overset{①}{a}\overset{②}{b}+\overset{①}{a}\overset{③}{c}$

2 多項式÷數
的算法

➡ **例**
$$(9a+12b)\div(-3)$$
$$=(9a+12b)\times\boxed{\left(-\frac{1}{3}\right)}$$
$$=9a\times\left(-\frac{1}{3}\right)+12b\times\left(-\frac{1}{3}\right)$$
$$=-3a-4b$$

乘上除數的倒數

利用分配律拿掉括號

◆ 接著是數×多項式的加減計算！

1 將數×多項式
的括號拿掉

➡

2 整理同類項

例
$$2(4a+b)+3(a-2b)=8a+2b+3a-6b$$
$$\begin{array}{l}=8a+3a+2b-6b\\=11a-4b\end{array}$$

$$2(4a+b)-3(a-2b)=8a+2b-3a+6b$$
$$\begin{array}{l}=8a-3a+2b+6b\\=5a+8b\end{array}$$

> 注意後項的
> 正負號！

這樣就 OK

Q 分數形式的式子要怎麼算？

通分整理成1個分數，再整理分子的同類項。

例

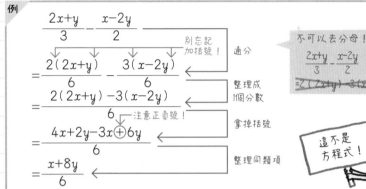

$$\frac{2x+y}{3} - \frac{x-2y}{2}$$

別忘記加括號！ ← 通分

$$= \frac{2(2x+y)}{6} - \frac{3(x-2y)}{6}$$ ← 整理成1個分數

$$= \frac{2(2x+y)-3(x-2y)}{6}$$ ← 拿掉括號

注意正負號！

$$= \frac{4x+2y-3x+6y}{6}$$ ← 整理同類項

$$= \frac{x+8y}{6}$$

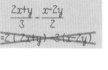

不可以去分母！

$$\frac{2x+y}{3} - \frac{x-2y}{2}$$
$$= 2(2x+y)-3(x-2y)$$

要小心喔

這不是方程式！

Q 要怎麼求多項式的值？

要讓計算變得更輕鬆…

先盡可能簡化式子，再代入數值。

例

當 $a=3$，$b=-\frac{1}{2}$ 時，

$2(a+2b)-3(a-4b)$ 多項式的值為？

$2(a+2b)-3(a-4b)$ 去括號

$=2a+4b-3a+12b$

$=-a+16b$ 沒辦法更簡化了！

代入3　代入 $-\frac{1}{2}$

$=-3+16\times\left(-\frac{1}{2}\right)$ 代入數值後計算

嗯，簡單簡單

$=-3-8$

$=-11$ 多項式的值

參考 若直接代入原始的式子…

$$2\times\left[3+2\times\left(-\frac{1}{2}\right)\right]-3\times\left[3-4\times\left(-\frac{1}{2}\right)\right]$$

就會變成這麼複雜的計算，很容易粗心算錯！

檢查表

- [ ] 了解數和多項式的乘法
- [ ] 了解數和多項式的除法
- [ ] 了解數×多項式的加減法
- [ ] 能求出多項式的值

中學2年級

3. 單項式的乘法・除法、代數式的運用

本節要學習單項式的乘法・除法。
請學會用代數式來說明數的關係吧。

◆ 這就是單項式的乘除計算！

1 單項式的乘法 ➡ **例**

係數乘係數　　　　　同變數的積用累乘表示

$$3xy \times 2x = 3 \times 2 \times xy \times x = 6 \times x^2y = 6x^2y$$

變數乘變數

2 單項式的除法 ➡ **例**

$$15x^2y \div (-3x) = \frac{15x^2y}{-3x} = -\frac{\overset{5}{15} \times \overset{1}{x} \times x \times y}{3 \times \underset{1}{x}} = -5xy$$

改成分數　　　　　約分

$$2a^2 \div \frac{4}{3}a = 2a^2 \div \frac{4a}{3} = 2a^2 \times \frac{3}{4a} = \frac{2 \times \overset{1}{a} \times a \times 3}{\underset{2}{4a} \times \underset{1}{}} = \frac{3}{2}a$$

$\frac{4}{3}a$ 的倒數 ➡ $\frac{3}{4a}$ → 改成 $\frac{\text{代數式}}{\text{數}}$ 的形式　　乘上倒數　　約分
預防失誤！

◆ 使用代數式說明

會用的話
感覺很厲害

經常用代數式
來表示的數
（m、n為整
數）

- 整數a的倍數➡an
- 偶數➡$2m$，奇數➡$2n+1$
- 十位數的數為a，個位數的數為b的2位數自然數➡$10a+b$
- 連續的3個整數➡n、$n+1$、$n+2$ 或 $n-1$、n、$n+1$

例 用代數式來說明如2、3、4等3個連續整數的和必然是3的倍數

➡假設有3個連續整數 n、$n+1$、$n+2$，則此三數的和是

$n+(n+1)+(n+2)=3n+3=3(n+1)$ ← 利用分配律

因為$n+1$是整數，故$3(n+1)$是3的倍數。

所以3個連續整數的和一定是3的倍數。

Q 乘除法混合的計算要怎麼做？

改成以乘式為分子、除式為分母的分數來計算。

例

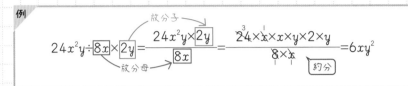

$$24x^2y \div \boxed{8x} \times \boxed{2y} = \frac{24x^2y \times \boxed{2y}}{\boxed{8x}} = \frac{\overset{3}{24} \times \overset{1}{x} \times x \times y \times 2 \times y}{8 \times \overset{1}{x}} = 6xy^2$$

（放分子）（放分母）（約分）

Q 要怎麼把等式改成（某變數）＝～的形式？

移項大活躍

用跟解方程式相同的方法變形。

把式子變形成（某變數）＝～的形式，就稱為求該變數的解。

例

(1) 求 $2x+y=7$ 中 x 的解，

$$2x \boxed{+y} = 7$$

把 $+y$ 移項到右邊

$$2x = 7 \boxed{-y}$$

兩邊同除以2

$$x = \frac{7-y}{2}$$

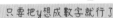

只要把 y 想成數字就行了

若 $2x+1=7$
$2x=7-1$
$2x=6$
$x=3$

(2) 求 $V = \frac{1}{3}\pi r^2 h$ 中 h 的解，

$$V = \frac{1}{3}\pi r^2 h$$

等號兩邊互換，把 h 移到左邊

$$\frac{1}{3}\pi r^2 h = V$$

兩邊同乘以3，消去分數

$$\pi r^2 h = 3V$$

兩邊同除以 πr^2

$$h = \frac{3V}{\pi r^2}$$

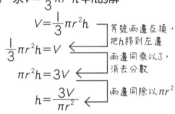

你發現了嗎？ (2) 其實是圓錐的體積公式（體積 V、半徑 r、高 h）

memo

包含指數的式子的算法：

例 $(-3x)^2 = (-3x) \times (-3x)$
$= (-3) \times (-3) \times x \times x$
$= 9x^2$

用代數式表示圖形的公式：

① 圓的 ┌ 周長……$\ell = 2\pi r$ （半徑 r、周長 ℓ、
　　　 └ 面積……$S = \pi r^2$ 　面積 S）

② 扇形的 ┌ 弧長……$\ell = 2\pi r \times \frac{a}{360}$ （半徑 r、圓心角 $a°$、
　　　　 └ 面積……$S = \pi r^2 \times \frac{a}{360}$ 　弧長 ℓ、面積 S）

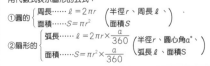

☑ 檢查表

☐ 會做單項式的乘法
☐ 會做單項式的除法
☐ 能用代數式來說明數
☐ 會做等式的變形

第 2 章　聯立方程式

中學2年級

Ｉ. 聯立方程式的解法

2個以上的方程式組合就稱為聯立方程式。

本節要學習解聯立方程式（代入後使2個方程式都成立的值）的方法。

解聯立方程式
＝求解！

◆ 解法有2種！

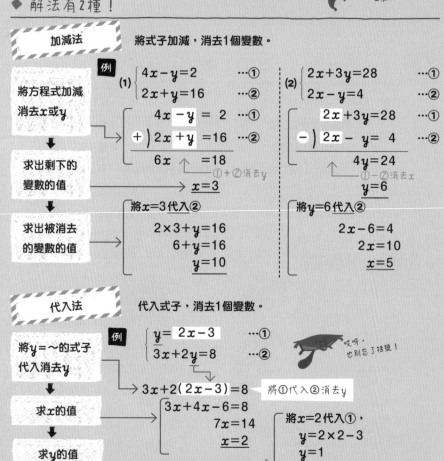

加減法　　將式子加減，消去1個變數。

將方程式加減消去x或y

$$\begin{cases} 4x-y=2 & \cdots① \\ 2x+y=16 & \cdots② \end{cases}$$

$$\begin{array}{r} 4x-y=2 \quad\cdots① \\ +)\ 2x+y=16 \quad\cdots② \\ \hline 6x\qquad=18 \end{array}$$

①＋②消去y

求出剩下的變數的值

$$x=3$$

將$x=3$代入②

求出被消去的變數的值

$$2\times3+y=16$$
$$6+y=16$$
$$y=10$$

(2)
$$\begin{cases} 2x+3y=28 & \cdots① \\ 2x-y=4 & \cdots② \end{cases}$$

$$\begin{array}{r} 2x+3y=28 \quad\cdots① \\ -)\ 2x-y=4 \quad\cdots② \\ \hline 4y=24 \end{array}$$

①－②消去x

$$y=6$$

將$y=6$代入②

$$2x-6=4$$
$$2x=10$$
$$x=5$$

代入法　　代入式子，消去1個變數。

將$y=\sim$的式子代入消去y

例
$$\begin{cases} y=2x-3 & \cdots① \\ 3x+2y=8 & \cdots② \end{cases}$$

哎呀，
也別忘了括號！

$$3x+2(2x-3)=8$$

將①代入②消去y

求x的值

$$3x+4x-6=8$$
$$7x=14$$
$$x=2$$

求y的值

將$x=2$代入①，
$$y=2\times2-3$$
$$y=1$$

若直接加減也無法消除1個變數怎麼辦？

將其中一邊的方程式乘以數倍，讓係數的絕對值相同，就可消去1個變數。

例

$$\begin{cases} 5x-4y=32 & \cdots① \\ 3x+2y=6 & \cdots② \end{cases}$$

y的係數是－4和2

↓

②的兩邊同乘以2倍，使y的係數絕對值都變成4

①　　　　　　$5x-4y=32$
②×2　$+) \ 6x+4y=12$　　$(3x+2y)×2=6×2$
　　　　　　　$11x \qquad =44$　　y消失了！
　　　　　　　　　　$x=4$

將$x=4$代入②，$3×4+2y=6$
$2y=-6$，$y=-3$

 其中一邊的式子乘以數倍後仍無法消除1個變數怎麼辦？

使係數的絕對值都變成最小公倍數，就可消去1個變數。

例

$$\begin{cases} 2x+3y=2 & \cdots① \\ 3x-4y=-14 & \cdots② \end{cases}$$

x的係數是2和3

使x的係數變成2和3的最小公倍數6

①×3　　$6x+9y=\quad 6$　　$(2x+3y)×3=2×3$
②×2　$-) \ 6x-8y=-28$　　$(3x-4y)×2=(-14)×2$
　x消失了！　　$17y=\quad34$　　※把y的係數變成3和4的最小
　　　　　　　　　$y=2$　　　公倍數12雖然也能消去y，
　　　　　　　　　　　　　　但消去x的計算比較簡單。

將$y=2$代入①，$2x+3×2=2$
$2x=-4$，$x=-2$

要消去哪個呢？

 ☑ 檢查表

☐ 能用加減法解聯立方程式
☐ 能用代入法解聯立方程式

memo
2元1次方程式：如$2x+y=9$這種由2個變數組成的1次方程式。
消去$x（y）$：把由x、y組成的聯立方程式變成不含$x（y）$的方程式。

2. 各種聯立方程式

本節要學習有括號或係數不是整數的聯立方程式的解法。
同時也請學會如何解 $A=B=C$ 形式的聯立方程式吧。

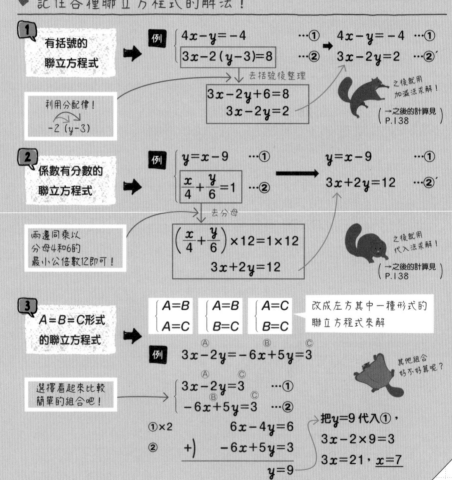

◆ 記住各種聯立方程式的解法！

1 有括號的聯立方程式

利用分配律！
$-2(y-3)$

例
$$\begin{cases} 4x-y=-4 & \cdots① \\ 3x-2(y-3)=8 & \cdots② \end{cases}$$

去括號後整理

$$3x-2y+6=8$$
$$3x-2y=2$$

$$\begin{cases} 4x-y=-4 & \cdots① \\ 3x-2y=2 & \cdots② \end{cases}$$

之後就用加減法來解！
（→之後的計算見 P.138）

2 係數有分數的聯立方程式

兩邊同乘以分母4和6的最小公倍數12即可！

例
$$\begin{cases} y=x-9 & \cdots① \\ \dfrac{x}{4}+\dfrac{y}{6}=1 & \cdots② \end{cases}$$

去分母

$$\left(\dfrac{x}{4}+\dfrac{y}{6}\right)\times12=1\times12$$
$$3x+2y=12$$

$$\begin{cases} y=x-9 & \cdots① \\ 3x+2y=12 & \cdots② \end{cases}$$

之後就用代入法來解！
（→之後的計算見 P.138）

3 $A=B=C$ 形式的聯立方程式

選擇看起來比較簡單的組合吧！

$$\begin{cases} A=B \\ A=C \end{cases} \begin{cases} A=B \\ B=C \end{cases} \begin{cases} A=C \\ B=C \end{cases}$$

改成左方其中一種形式的聯立方程式來解

例
$$\overset{Ⓐ}{3x-2y}=\overset{Ⓑ}{-6x+5y}=\overset{Ⓒ}{3}$$

其他組合也不好算呢？

$$\begin{cases} \overset{Ⓐ}{3x-2y}=\overset{Ⓒ}{3} & \cdots① \\ \underset{Ⓑ}{-6x+5y}=\overset{Ⓒ}{3} & \cdots② \end{cases}$$

$$\begin{array}{r} ①×2 \quad 6x-4y=6 \\ ② \quad +)\ -6x+5y=3 \\ \hline y=9 \end{array}$$

把 $y=9$ 代入①，
$3x-2\times9=3$
$3x=21$，$\underline{x=7}$

係數有小數的聯立方程式怎麼解？

首先兩邊同乘以10、100、……，把係數改成整數後再解。

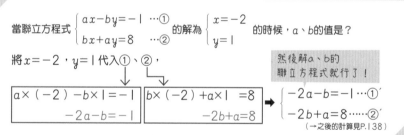

例
$$\begin{cases} 4x+5y=-28 & \cdots ① \\ \boxed{0.2x+0.3y=-2} & \cdots ② \end{cases} \longrightarrow \begin{cases} 4x+5y=-28 \cdots ① \\ 2x+3y=-20 \cdots ②' \end{cases}$$

兩邊同乘以10

$(0.2x+0.3y)\times 10=-2\times 10$

$2x+3y=-20$

由①－②′×2，得$-y=12$，$\underline{y=-12}$
把$y=-12$代入②′，
$2x-36=-20$，$2x=16$，$\underline{x=8}$

 求係數的問題要怎麼解？

把解代入方程式，寫出係數的聯立方程式。

例

當聯立方程式 $\begin{cases} ax-by=-1 & \cdots ① \\ bx+ay=8 & \cdots ② \end{cases}$ 的解為 $\begin{cases} x=-2 \\ y=1 \end{cases}$ 的時候，a、b的值是？

將$x=-2$，$y=1$代入①、②，

然後解a、b的
聯立方程式就行了！

$\boxed{a\times(-2)-b\times 1=-1}$ $\boxed{b\times(-2)+a\times 1=8}$ → $\begin{cases} -2a-b=-1 \cdots ①' \\ -2b+a=8 \cdots ②' \end{cases}$

$-2a-b=-1$ $-2b+a=8$

（→之後的計算見P.138）

解開a、b的
關鍵就是
聯立方程式

參考 聯立方程式解的表示法

比如解是$x=3$、$y=1$時，
可以用右邊的方法來表示。

$\begin{cases} (x, y)=(3, 1) \\ x=3 \\ y=1 \end{cases}$

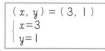

☑ 檢查表

☐ 能解出有括號、分數、小
　數的聯立方程式
☐ 能解出$A=B=C$形式的聯
　立方程式
☐ 能解出求係數的問題

3. 聯立方程式的運用

本節要學習如何利用聯立方程式解應用題。
請仔細閱讀文章,寫出正確的聯立方程式。

◆ 來解應用題吧!

最喜歡橘子!

解題步驟

例 小明買了12個定價70元的橘子和定價110元的蘋
果,總共花費1040元。請問小明分別買了幾個橘子
和幾個蘋果。

**先決定以
題目中的哪些
數量為 x、y**

假設橘子數量為 x 個,蘋果數量為 y 個。

**找出相等的
數量關係,
建立聯立方程式**

個數關係為 → $x+y=12$ …①

金額關係為 → $70x+110y=1040$ …②

金額=定價×個數

解聯立方程式

把①,②當成聯立方程式求解,則

$x=7$,$y=5$

橘子和蘋果的數量
為自然數,
因此符合題目。

檢討解答

答 橘子7個、蘋果5個

◆ 聯立方程式應用題常用的公式和思路

①速度問題

| 速度 = 距離 ÷ 時間 | 距離 = 速度 × 時間 |

| 時間 = 距離 ÷ 速度 |

②2位數的整數問題

十位數的數字為 x,個位數的數字為 y 的2位數整數→ $10x+y$

③比例問題

$a\% → \dfrac{a}{100}$　　　a 成 → $\dfrac{a}{10}$

增加 $a\%$ →$(100+a)\%$　減少 $a\%$ →$(100-a)\%$

從題目建立聯立方程式的訣竅是？

假設要求的數量為 x、y。

例　　　　　　　　　　　　　　　　　　　　　　　　　速度問題

小明前往離家1500m的車站，剛開始以分速60m的速度行走，

途中改以分速120m的速度奔跑，總共花20分鐘才抵達車站。

請分別求出小明行走的距離及奔跑的距離。

假設行走的距離為 x m，奔跑的距離為 y m，

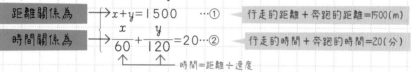

距離關係為 ⟶ $x+y=1500$　…① ← 行走的距離 + 奔跑的距離=1500(m)

時間關係為 ⟶ $\dfrac{x}{60}+\dfrac{y}{120}=20$…② ← 行走的時間 + 奔跑的時間=20(分)

↑　　↑ 時間=距離÷速度

把①、②寫成聯立方程式求解，可得 $x=900$、$y=600$，符合問題。

答 行走距離是900m、奔跑距離是600m

例　　　　　　　　　　　　　　　　　　　　　　　　　比例問題

某所學校去年的學生數有425人，今年男學生增加了4%，

女學生減少了2%，學生總數增加了5人。

請問去年這所學校分別有多少男學生和女學生。

假設去年男學生有 x 人，女學生有 y 人，

去年學生數的關係為 ⟶ $x+y=425$　　…①

學生總數增加的關係為 ⟶ $\dfrac{4}{100}x-\dfrac{2}{100}y=5$…②

去年的男學生數 $\times\dfrac{4}{100}$

去年的女學生數 $\times\dfrac{2}{100}$

把①、②寫成聯立方程式求解，可得

$x=225$，$y=200$

答案符合問題。

答 男學生225人、女學生200人

不知道制服
畫不畫合我

☑ 檢查表

☐ 知道解聯立方程式應用題
　的步驟
☐ 能解出各種模式的應用題

中學2年級

1. |次函數與變化率、|次函數的圖形

當 y 是 x 的函數，且可以 $y=ax+b$ 表示時，我們就說 y 是 x 的1次函數。
本節請學習辨認1次函數的變化率和圖形吧。

◆ 首先記住1次函數的性質！

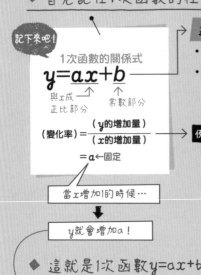

記下來吧！

1次函數的關係式

$$y=\underline{ax}+\underline{b}$$

與 x 成　　↑　　↑
正比部分　　常數部分

$$（變化率）=\frac{（y的增加量）}{（x的增加量）}$$

$$=a←固定$$

當 x 增加1的時候⋯

↓

y 就會增加 a！

這種情況也是1次函數！　　屬於正比關係

· 設 $y=ax+b$，當 $b=0$ 時 ➡ 例 $y=3x$

· 變形後會變成 $y=ax+b$ 形式的式子

➡ 例 $2x+y=4$ —變形後→ $y=-2x+4$

例　有1次函數 $y=2x-3$，請問當 x 從2增加到6時
的變化率是多少？

· 當 $x=2$ 時，$y=\underline{2×2-3}=1$　　將 x 的值
代入 $2x-3$

· 當 $x=6$ 時，$y=\underline{2×6-3}=9$

· 變化率是 $\frac{9-1}{6-2}=\frac{8}{4}=2$　　等於 x 的
係數 a！

◆ 這就是1次函數 $y=ax+b$ 的圖形！

$y=\boxed{a}x+\boxed{b}$

只有 $\boxed{b}$ 朝正方
向平行移動

$y=\boxed{a}x$

正比

截距

$(0, \boxed{b})$

斜率

我們是同伴！

正比　1次函數

當 $a>0$ 時

$y=ax+b$

由左下向
右上傾斜

增加

增加

當 $a<0$ 時

$y=ax+b$

由左上向
右下傾斜

增加

減少

*1次函數 $y=ax+b$ 的圖形就稱為
直線 $y=ax+b$，這個式子又稱
作直線方程式。

1次函數的圖形怎麼畫？

利用截距和斜率，找出通過該圖形的2點，再畫出通過這2點的直線。

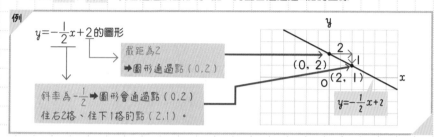

例

$y = -\frac{1}{2}x + 2$ 的圖形

截距為2
➡圖形通過點 (0,2)

斜率為 $-\frac{1}{2}$ ➡圖形會通過點 (0,2)
往右2格、往下1格的點 (2,1)。

$y = -\frac{1}{2}x + 2$

 已知x的變域時，怎麼求y的變域？

畫出1次函數的圖形，找出與x軸上變域對應的y軸上的變域。

例

有1次函數 $y = 2x + 1$，當x的變域是 $1 \leq x \leq 4$，試求y的變域。

↓ 畫出圖形

這裡就是x的變域

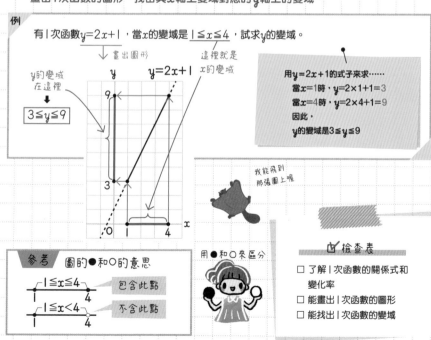

y的變域在這裡
↓
$3 \leq y \leq 9$

$y = 2x + 1$

用 $y = 2x + 1$ 的式子來求......
當 $x = 1$ 時，$y = 2 \times 1 + 1 = 3$
當 $x = 4$ 時，$y = 2 \times 4 + 1 = 9$
因此，
y的變域是 $3 \leq y \leq 9$

我能飛到那張圖上喔

參考 圖的●和○的意思

$1 \leq x \leq 4$
包含此點

$1 \leq x < 4$
不含此點

用●和○來區分

☑檢查表

☐ 了解1次函數的關係式和變化率

☐ 能畫出1次函數的圖形

☐ 能找出1次函數的變域

| 1次函數

2. 1次函數關係式的求法

本節要學習如何從1次函數的圖形反求該函數的關係式。
只要知道1次函數 $y=ax+b$ 的a和b，就能寫出原本的關係式。

◆ 用斜率和其中1點的座標反求關係式

例 圖形的斜率為 -2，通過點（3,1）的1次函數關係式

可從斜率得知 a 的值

→ 將斜率 -2 代入1次函數關係式 $y=ax+b$ 的a，可得

$$y=\underline{-2}x+b \cdots ①$$

將通過圖形的點座標代入

→ 因為該圖形通過點（$\underline{3}$,$\underline{1}$），
故將 $x=\underline{3}$，$y=\underline{1}$ 代入①式，可得

$$\underline{1}=-2\times\underline{3}+b$$

→ $b=7$

答 $y=-2x+7$

求 b 的值

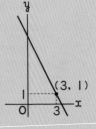

◆ 從2點的座標反求關係式

呀呀♪

例 圖形通過2點（1,1）、（3,7）的1次函數關係式

利用變化率算出圖形的斜率 a 的值

→ 設1次函數關係式為 $y=ax+b$，圖形的斜率a為 $\dfrac{7-1}{3-1}=\underline{3}$

$\dfrac{（y的增加量）}{（x的增加量）}$

因此，可得 $y=\underline{3}x+b \cdots ①$

將通過圖形的點座標代入

→ 因為圖形通過點（$\underline{1}$,$\underline{1}$）
故將 $x=\underline{1}$，$y=\underline{1}$ 代入①式，可得

$$\underline{1}=3\times\underline{1}+b$$

→ $b=-2$

答 $y=3x-2$

求 b 的值

y的增加量 $=7-1$

x的增加量 $=3-1$

如何從圖形求出關係式？

找出圖形的截距和斜率，將值代入 $y=ax+b$ 的式子。

例

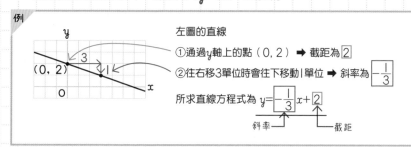

左圖的直線

①通過 y 軸上的點（0，2）➡ 截距為 $\boxed{2}$

②往右移3單位時會往下移動1單位 ➡ 斜率為 $\boxed{-\frac{1}{3}}$

所求直線方程式為 $y=\boxed{-\frac{1}{3}}x+\boxed{2}$

斜率   截距

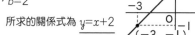 **利用聯立方程式也可以求出關係式？**

當已知直線圖形上的2點座標時，可以建立聯立方程式來求關係式。

例

求通過2點（-3，-1）、（2，4）的1次函數的關係式。

• 將此2點的座標代入1次函數的關係式 $y=ax+b$。

• 將 $x=\underline{-3}$、$y=\underline{-1}$ 代入→$\underline{-1}=\underline{-3}a+b$…①

將 $x=\underline{2}$，$y=\underline{4}$ 代入→$\underline{4}=\underline{2}a+b$…②

解①、②的聯立方程式，得 $a=1$，$b=2$

所求的關係式為 $\underline{y=x+2}$

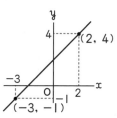

參考 平行直線的方程式算法

利用兩平行直線之方程式的斜率相等這一性質即可算出。

例 與直線 $y=\underline{2}x+1$ 平行，通過點（2，3）的直線的方程式

➡因為斜率相等，所以該直線方程式為 $y=\underline{2}x+b$…①

將 $x=2$，$y=3$代入①式，可得 $3=2\times2+b$

$b=-1$

所求直線的方程式為 $\underline{y=2x-1}$

 檢查表

☐ 能用斜率和1點的座標求出1次函數的關係式

☐ 能用2點的座標求出1次函數的關係式

中學2年級

3. 方程式和圖形

本節要學習如何畫2元1次方程式的圖形。
請理解聯立方程式的解和圖形交點的關係。

圖形
是直線喔

◆ 2元1次方程式的圖形畫法

例 $2x-3y=-3$ 的圖形

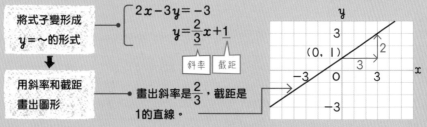

將式子變形成
$y=\sim$ 的形式

$$\begin{cases} 2x-3y=-3 \\ y=\dfrac{2}{3}x+1 \end{cases}$$

斜率　截距

用斜率和截距
畫出圖形

畫出斜率是 $\dfrac{2}{3}$，截距是
1的直線。

◆ 用圖形解聯立方程式的方法

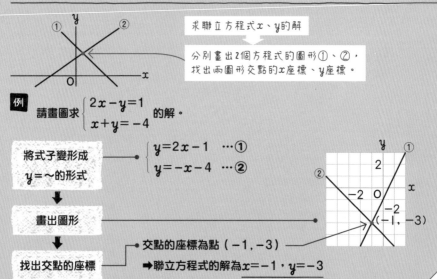

求聯立方程式 x、y 的解

分別畫出2個方程式的圖形①、②，
找出兩圖形交點的 x 座標、y 座標。

例 請畫圖求 $\begin{cases} 2x-y=1 \\ x+y=-4 \end{cases}$ 的解。

將式子變形成
$y=\sim$ 的形式

$$\begin{cases} y=2x-1 & \cdots① \\ y=-x-4 & \cdots② \end{cases}$$

畫出圖形

找出交點的座標

交點的座標為點 $(-1,-3)$

➡聯立方程式的解為 $x=-1$，$y=-3$

只找出2點的座標也能畫出圖形？

有時可利用與x軸、y軸的交點畫出2元1次方程式的圖形。

畫出方程式$3x-4y=-12$的圖形。

* 當$x=\underline{0}$時，$-4y=-12$，$y=\underline{3}$
  ➡通過點（$\underline{0}$,$\underline{3}$）。———— 與y軸的交點
* 當$y=\underline{0}$時，$3x=-12$，$x=\underline{-4}$
  ➡通過點（$\underline{-4}$,$\underline{0}$）。———— 與x軸的交點

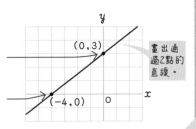

畫出通過2點的直線。

 兩直線交點的座標算得出來嗎？

可以把兩直線的方程式組成聯立方程後求解算出。

求兩直線$y=-x+2$和$y=2x-3$的交點座標。

將2條直線的方程式建立成聯立方程式 $\begin{cases} y=-x+2\cdots① \\ y=2x-3\cdots② \end{cases}$ 後求解，

由$-x+2=2x-3$，可得$x=\dfrac{5}{3}$ ————

將$x=\dfrac{5}{3}$代入①，得$y=-\dfrac{5}{3}+2$，故$y=\dfrac{1}{3}$ ————

➡交點座標是$\left(\dfrac{5}{3},\dfrac{1}{3}\right)$

---

memo

假設a、b、c為常數，有一方程式$ax+by=c$，
* 當$a=0$時 ➡ 此方程式為$y=k$的形式，圖形為
  與x軸平行的直線
* 當$b=0$時 ➡ 此方程式為$x=h$的形式，圖形為
  與y軸平行的直線

✔ 檢查表

☐ 能畫出方程式的圖形
☐ 能用畫圖的方式求聯立方程式的解
☐ 能求出兩直線的交點座標

Ⅰ. 平行線和角

本節要學習直線相交形成的角度。
請讓自己熟悉新的專有名詞吧。

◆ 首先，記住專有名詞！

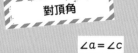
對頂角

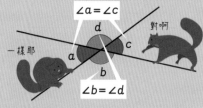

$\angle a = \angle c$
對啊
一樣耶
$\angle b = \angle d$

當2條直線相交時，
對向的夾角稱為對頂角。

記下來吧！

對頂角的性質
對頂角相等。

同位角和內錯角

當2直線 ℓ、m 與另1直線 n 相交時，如右圖中的
$\angle a$ 和 $\angle b$ 這種位置關係的角就稱為同位角。
如 $\angle b$ 和 $\angle c$ 這種位置關係的角則稱為內錯角。

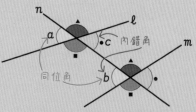

n
ℓ
a
c 內錯角
m
同位角
b

＊上圖以相同符號標示的角，全都是同位角。

平行線和角

當平行的兩直線 ℓ、m 與另一直線 n 相交時，
同位角和內錯角相等。

右圖中，若 $\ell \parallel m$，
$\angle a = \angle b$，$\angle a = \angle c$。
同位角　　　內錯角

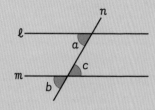

n
ℓ
a
c
m
b

平行線之間的角度要怎麼計算？

畫出輔助線來計算。

例

右圖中，當AB∥CD時，求∠x的大小。

畫出通過點G，
與直線AB和CD平行的輔助線JK。

有幫助嗎？

畫出輔助線後，
∠x會被分成∠FGJ和∠JGH這2個角。
由AB∥CD可知
∠FGJ和同位角∠EFA相等，
故都是45°。
∠JGH和內錯角∠GHD相等，
故都是55°。
因此∠x＝∠FGJ＋∠JGH
$$＝45°＋55°＝\underline{100°}$$

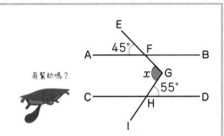

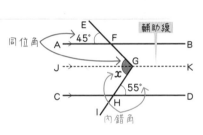

同位角

輔助線

內錯角

 要平行飛翔
真困難

參考 兩直線平行的條件

當兩直線與同一直線相交時，
若同位角或內錯角相等，
則此2條直線平行。

右圖中，若∠a＝∠b，
則 ℓ∥m

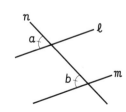

 檢查表

☐ 了解對頂角的性質
☐ 能說出平行線和同位
　角的關係
☐ 能說出平行線和內錯
　角的關係

檢查圖形的方法

2. 多邊形的角

本節要學習和多邊形相關的角度。
記住基礎知識後，遇到複雜的圖形時也能應用。

◆ 三角形要知道這些！

內角

∠A＋∠B＋∠C＝180°

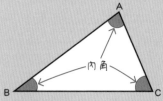

如上圖中的著色部分，由三角形的邊夾成的角，
就稱為三角形的內角。

記下來吧！

三角形內角的性質
三角形的3個內角和
為180°

內側的角

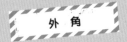
外角

∠ACD＝∠ABC＋∠BAC

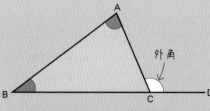

外角

如上圖的∠ACD，由三角形一邊的延長線與另一
邊夾成的角，就稱為三角形的外角。

記下來吧！

三角形外角的性質
三角形的外角與不相鄰
的另外2個內角和相等。

這裡是
外側

Q 多邊形的內角要怎麼算？

先求內角和，再減去已知角的大小。

例

求右圖的∠x的大小。

首先，思考五邊形的內角和。

五邊形可以像右下圖這樣分成3個三角形，

故內角和為180°×3＝540°

因此，∠x的大小為

540°−（105°+90°+120°+110°）＝115

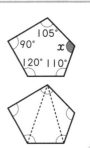

> 因為 n 邊形能切成（n−2）個三角形，
> 故內角和可用180°×（n−2）算出。

Q 多邊形的外角要怎麼算？

利用不論哪種多邊形，外角和必然是360°的性質。

例

求右圖的∠y的大小。

多邊形所有外角的總和一定是360°。

圖中∠a的大小是

180°−125°＝55°

故

∠y＝360°−（80°+50°+60°+55°+55°）＝60

memo
・正n邊形的內角可用$\dfrac{180° \times (n-2)}{n}$求出。
・正n邊形的外角可用$\dfrac{360°}{n}$求出。

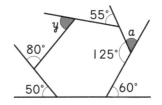

☑ 檢查表

☐ 能求出多邊形的內角和
☐ 能說出多邊形的外角和

中學2年級

3. 圖形的全等

本節要學習形狀和面積完全相同的兩圖形。
請隨時注意兩圖形中對應的頂點吧。

◆ 記住全等的性質吧！

別無　二致！

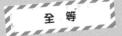

全　等

移動後可以完全重合的2個圖形
就稱為「全等」。

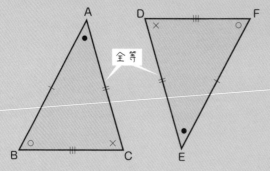

全等

記下來吧！

全等的2個圖形可
用「≅」符號表示。

左圖中△ABC≅△EFD

全等的2個圖形，

· 對應邊的長度相等。

　上圖中，AB=EF，BC=FD，CA=DE

· 對應角的角度相等。

　上圖中，∠A=∠E，∠B=∠F，∠C=∠D

全部
都一樣

怎麼知道2個三角形是不是全等？

是哪個？
是哪個？

用三角形的全等條件檢查。

 例

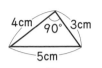
4cm　90°　3cm
5cm

請從下方找出與左邊的三角形全等的
2個三角形。

㊀
5cm
4cm
3cm

㊁
4cm　60°　4cm

㊂
3cm　90°　4cm

㊃
3cm
90°
6cm

・因為3cm、4cm、5cm這3組邊都相等，故㊀

・因為3cm、4cm及此兩邊的夾角90°，這2組邊及其夾角皆相等，故㊂

 記下來吧！ **三角形的全等條件有下列3項。**

好多三角形

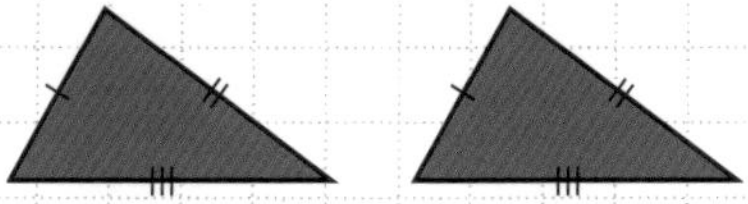

→ 3組邊全部等長。

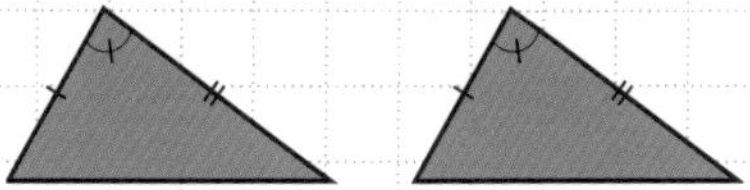

→ 2組邊和此兩邊之夾角皆相等。

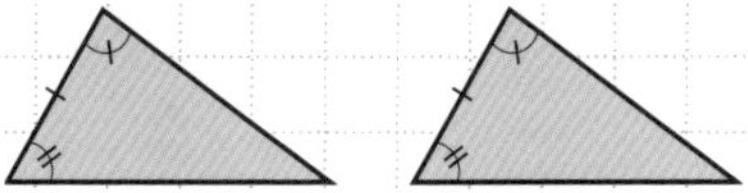

☑ **檢查表**

□ 能使用幾何符號表示全等
　的圖形
□ 能說出全等圖形的性質
□ 能說出3個三角形的全等
　條件

→ l組邊及相鄰之兩角皆相等。

4. 圖形的證明

本節要學習用數學論證特定命題的方法。
請確實記住基本的步驟吧。

◆ 首先記住這個吧!

假設和結論

記下來吧!

若○○○,則△△△
↑假設　　↑結論

例 若△ABC≅△DEF,
則∠B=∠E

假設——→△ABC≅△DEF
結論——→∠B=∠E

若是飛鼠,
則會飛!

例 若$a>0$、$b>0$,
則$a+b>0$

假設——→$a>0$、$b>0$
結論——→$a+b>0$

◆ 證明是這個意思!

· 對於某命題,根據已經被認定為正確的前提,
　從假設推導出結論,就稱為證明。
· 證明的時候,先清楚寫出假設和結論很重要。
　接著,一邊列出根據,從假設推導出結論。

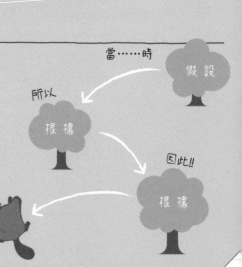

當……時

假設

所以

根據

因此!!

根據

所以

哈!!

結論

什麼是圖形的證明？

尋找可導出結論的根據。

例

證明右圖中若AO＝CO、DO＝BO，

則△AOD≅△COB。

首先確認結論，△AOD≅△COB。

接著，思考要使用哪個三角形的全等條件。

根據假設，我們已知其中2組邊長是相等的，

故關注此兩邊的夾角可發現∠AOD＝∠COB。

然後，條列出論證過程來解說。

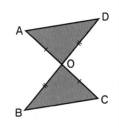

〈證明〉 對於△AOD和△COB，

根據假設，AO＝CO ························· ①

DO＝BO ······················· ②

因為對頂角相等，故∠AOD＝∠COB······ ③

由①～③可知2個三角形的2組邊和此兩邊之夾角皆相等，

故△AOD≅△COB

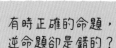

有時正確的命題，逆命題卻是錯的？

將某命題的假設和結論互換，就稱為逆命題。

譬如「若$x＝3$，則$x＋2＝5$」的假設是「$x＝3$」，結論是「$x＋2＝5$」。此命題的逆命題是「若$x＋2＝5$，則$x＝3$」，這個命題確實是對的。

這乍聽之下好像很理所當然，但像「若小明是13歲，則是國中生」的逆命題「若小明是國中生，則是13歲」，這個命題就不是正確的。而數學命題也一樣，某個命題是正確的，不代表它的逆命題也一定正確的。

我們都是國中生！ 15歲 14歲

☑ **檢查表**

□ 能說出假設和結論
□ 了解證明的方法

圖形的性質

Ⅰ. 等腰三角形、直角三角形

本節要學習某些特殊三角形的定義和定理。
另外，還要學習直角三角形的全等條件。

◆ 首先，記住這個吧！

等腰三角形

定義：2邊等長的三角形。

正三角形

定義：3邊等長的三角形。

3個內角都相等，為60°

記下來吧！

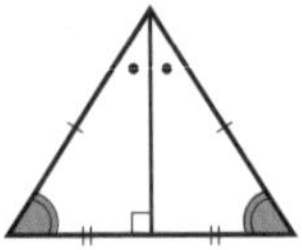

> 等腰三角形的性質（定理）
> ・等腰三角形的2個底角相等。
> ・等腰三角形的頂角的角平分線，也會垂直且平分底邊。
>
> 成為等腰三角形的條件（定理）
> ・2角相等的三角形，此相等之2角若是底角，則為等腰三角形。

*用文字清楚描述就稱為定義，而已經被得到證明，成為其他命題基礎的就稱為定理。

◆ 記住直角三角形的全等條件吧！

可以每背一條就吃一題稿子嗎？

對於直角三角形，除了「三角形全等條件」外，下面2個也是全等的條件。

① 斜邊

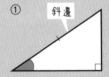

斜邊與1組銳角皆相等。

②

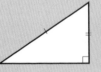

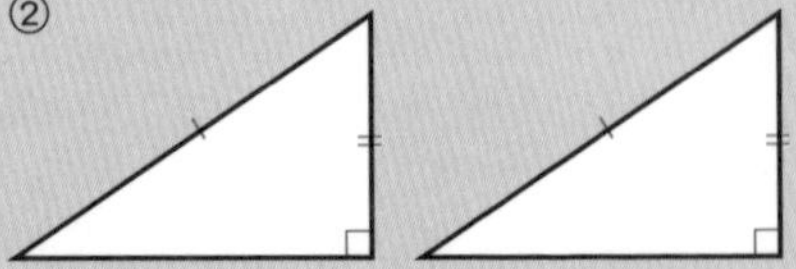

斜邊與另一組邊皆相等。

等腰三角形的底角相等，這件事要怎麼證明？

先畫輔助線找出2個全等的三角形，再利用對應邊和對應角相等來證明。

例

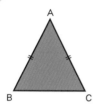

左圖是AB＝AC的等腰三角形，請證明「等腰三角形的兩底角相等」這個定理。

為了導出∠B＝∠C，我們可以設法畫出2個包含此角的全等三角形。

〈證明〉畫∠A的角平分線，並點出此線與BC的交點D。

畫出頂角的角平分線，做出2個相等的角

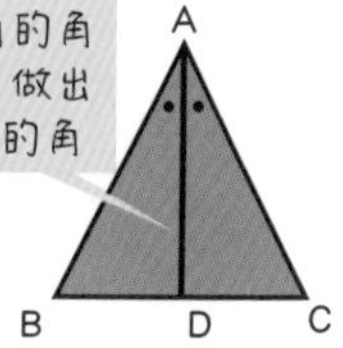

證明中使用的輔助線和頂點，必須在證明過程中標明是什麼線和什麼點。

對於△ABD與△ACD，

根據假設，AB＝AC ……………………………①

由於AD是∠A的角平分線，故∠BAD＝∠CAD …②

因為△ABD與△ACD共邊，故AD＝AD …………③

由①～③，可知△ABD與△ACD的2組邊及此二邊的夾角皆相等，故△ABD≅△ACD

因全等圖形的對應角相等，

故∠B＝∠C

所以，等腰三角形的底角相等。

memo

正三角形的性質（定理）
：正三角形的3個內角相等。

成為正三角形的條件（定理）
：3個角相等的三角形，就是正三角形。

正三角形和飯糰好像

 檢查表

□ 能說出等腰三角形的定義和定理

□ 能說出正三角形的定義和定理

□ 能說出2個直角三角形的全等條件

2. 平行四邊形

本節要學習平行四邊形的性質和平行四邊形的條件。
請一條一條確實記下來吧。

◆ 這個絕對要記住！

我學會怎麼
平行飛翔了

平行四邊形的定義

2組對邊互相平行的四邊形。

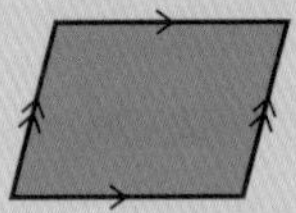

＊對邊就是四邊形中互相面對的
　邊，對角則是四邊形中互相面
　對的角。

記下來吧！

平行四邊形的性質（定理）

・2組對邊皆相等。
・2組對角皆相等。
・對角線相交於彼此的中點。

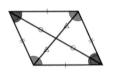

◆ 四邊形要成為平行四邊形，一定要滿足這幾點。

成為平行四邊形的條件（定理）

四邊形若滿足以下任何一個條
件，就是平行四邊形。

・2組對邊互相平行。（定義）

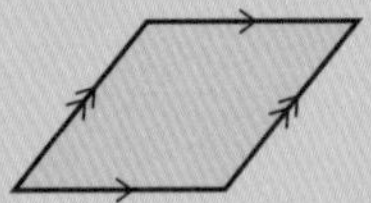

・2組對邊皆相等。

・2組對角皆相等。

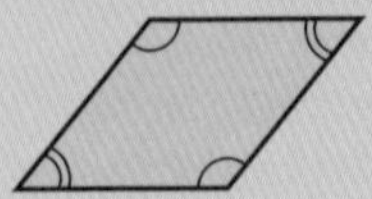

・對角線相交於彼此的中
　點。

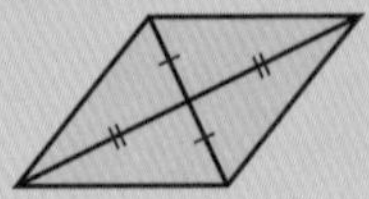

・1組對邊平行且等長。

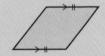

Q 平行四邊形的角度要怎麼算？

利用平行四邊形的性質、三角形內角和以及平行線和內錯角的關係。

例

右圖是平行四邊形ABCD，求$\angle x$和$\angle y$的角度。

因為是平行四邊形，故AB∥DC。

因為平行線的內錯角相等，故$\angle DEF = \angle BAF = 45°$。

此時，因為$\angle x$是△DFE的外角，故

$\angle x = \angle FDE + \angle DEF = 40° + 45° = \underline{85°}$

同時，觀察△AFD，因為三角形的內角和是180°，故

$\angle ADF = 180° - (35° + 85°) = 60°$

因為平行四邊形的對角相等，故$\angle y = \angle ADC$

$\angle y = \angle ADF + \angle FDE = 60° + 40° = \underline{100°}$

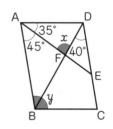

我變得
更博學了

參考

平行四邊形中，相鄰的2個同側內角的和必為180°。
因此，由上例中的∠B的同側內角∠A（∠BAD）
是35°+45°=80°，
故∠y可由180°-80°=100°求出。

同側
內角

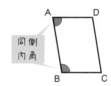

☑ 檢查表

☐ 能說出平行四邊形的定義
和定理

☐ 能說出四邊形要成為平行
四邊形的5個條件

中學2年級

3. 特殊平行四邊形、平行線與面積

本節要學習幾個特別的平行四邊形。
另外，還要學習平行線與圖形面積的關係。

飛行時的我
就像菱形呢

◆ 一起來看看特殊的平行四邊形！

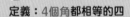

長方形

定義：4個角都相等的四邊形。

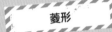

菱形

定義：4個邊都相等的四邊形。

正方形

定義：4個邊和4個角都相等的四邊形。

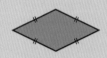

特殊平行四邊形的性質

長方形、菱形、正方形都屬於特殊的平行四邊形，所以也具有平行四邊形的性質。

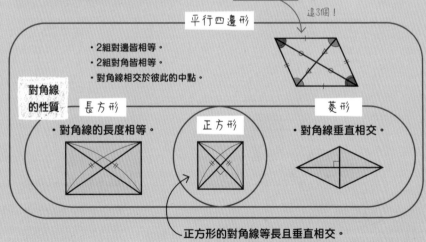

平行四邊形

・2組對邊皆相等。
・2組對角皆相等。
・對角線相交於彼此的中點。

這3個！

對角線的性質

長方形
・對角線的長度相等。

正方形

菱形
・對角線垂直相交。

正方形的對角線等長且垂直相交。

怎麼畫與任意四邊形面積相等的三角形？

先畫平行線，再變形成相同面積的形狀。

平行是關鍵！

例

右圖為四邊形ABCD，請在邊BC的延長線上畫出點E，
使△ABE與四邊形ABCD的面積相等。

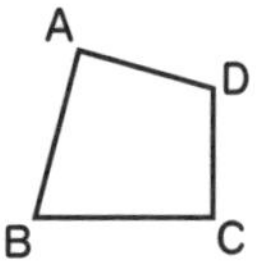

首先，連接點A和點C。
畫出通過點D且與AC平行的直線，
並以此線與邊BC延長線的交點為點E。
連接點A和點E，畫出△ABE。
因AC∥DE，且AC為共邊，故△DAC＝△EAC
因此，
四邊形ABCD＝△ABC＋△DAC＝△ABC＋△EAC＝△ABE

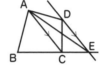

🖊 **畫畫看！**

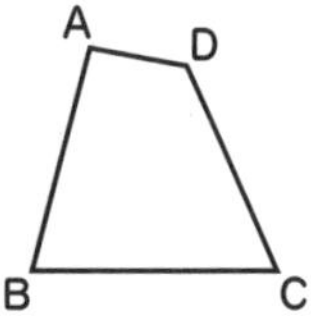

請在左圖的四邊形ABCD中，
於邊BC的延長線上畫出點E，
使四邊形ABCD與△ABE的面積
相等。

**不改變某圖形的面積，
只改變其形狀，稱為等
積異形。**

➡解答在P.138

平行線與面積

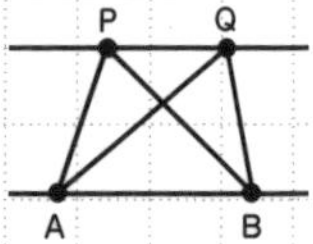

如上圖，對於不在直線AB上的點P、Q，
・若PQ∥AB，則△PAB＝△QAB
・若△PAB＝△QAB，則PQ∥AB

這個也要
檢查!!

☑ **檢查表**

☐ 能說出長方形的定義和性質
☐ 能說出菱形的定義和性質
☐ 能說出正方形的定義和性質

1. 機率的意義和求法

本節要學習機率的觀念。
請仔細數數每個情況的發生次數，計算機率吧。

◆ 機率是這個意思。

記下來吧！

> **發生A事件的機率 p**
> 假設所有可能發生的情況有 n 種，
> 且每種情況發生的機率皆相同。
> 若其中導致A結果的情況有 a 種，則
> $$p=\frac{a}{n}$$

◆ 求機率的時候，先畫出圖或表格吧。

> **例** 在紅箱子放入4張卡片，卡片分別寫上1、2、3、4；在藍箱子放入3張卡片，卡片分別寫上5、6、7。同時從紅箱子和藍箱子各抽1張卡片，假設每張卡片被抽到的機率都一樣，請問2張卡片的積為奇數的機率是多少。

➡可以使用樹狀圖或表格，列舉所有可能的抽卡結果，計算一共有多少種情況。

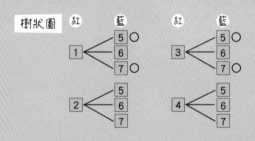

表				
藍＼紅	1	2	3	4
5	○		○	
6				
7	○		○	

根據上方圖表，可知抽卡結果一共有12種，其中2張卡的積為奇數的情況是打○的4種。
因此，機率是 $\frac{4}{12}=\frac{1}{3}$

＊機率相同…所有情況發生的可能性都相同。

機率有範圍嗎?

有的。請用一定會發生的機率和絕對不會發生的機率來思考吧。

例

擲1個骰子1次,請問擲出6點以下的機率是多少。

因為擲出的點數有1~6的6種,故所求的機率是$\frac{6}{6}=1$。

另外,再請問擲出7點的機率。因為骰子沒有7點,所以出現7點的情況是0種。因此,所求的機率是0。

由上可見,一定會發生的機率就是1,一定不會發生的機率就是0,所以機率p值的範圍是$0 \leq p \leq 1$。

 什麼是不發生的機率?

若A的發生機率為p,則A不發生的機率可用$1-p$求出。

例

擲1個骰子1次,求骰出的點數不是4的機率。

因為骰出4的機率是$\frac{1}{6}$,故不是4的機率就是$1-\frac{1}{6}=\frac{5}{6}$

話說回來,機率到底是......?

某事件發生的機率為p,意思是重複進行多次相同的實驗時,此事件之於所有事件發生的相對次數會趨近於p。

譬如要計算把1隻鞋子往上扔,鞋子落地後正面朝上的機率,可以實際丟丟看鞋子,然後計算所有次數中,鞋子正面朝上的次數,並計算該次數占總次數的比例(相對次數)。實驗的次數愈多,則相對次數就會愈接近於某個特定值。假如相對次數接近0.7,就代表鞋子正面朝上的機率是0.7,換言之也就是$\frac{7}{10}$。

☑ 檢查表

□ 能畫出樹狀圖和表格
□ 了解機率的算法

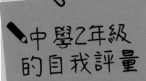
中學2年級
的自我評量

確認一下是否已學會了各章的內容吧。
請在答錯的問題的□中打勾，重新看看錯在哪裡吧。

★解答在P.138

第1章　數式的計算

◆請選出下面❶、❷多項式中的同類項。

□ ❶ $2a+3b+4ab-5a$　　　　　　　　　　（　　　　和　　　　）

□ ❷ $x^2+2xy-5x^2y^2+x^2y-10x^2-2x$　　　（　　　　和　　　　）

◆請計算下列 ❸～⓰。

□ ❸ $2x+5x$　　　　（　　　）　　□ ❹ $4y-6y$　　　　　（　　　）

□ ❺ $8x+4y+2x+3y$　（　　　）　　□ ❻ $4x-2y-10x+y$　（　　　）

□ ❼ $(x+3y)-(x-4y)$　（　　　）　　□ ❽ $3(a-6b)$　　　　（　　　）

□ ❾ $(12x-24y)\div6$　（　　　）　　□ ❿ $2(x-2y)-3(5x-3y)$　（　　　）

□ ⓫ $\dfrac{2x+4y}{3}+\dfrac{x-5y}{4}$　（　　　）　　□ ⓬ $\dfrac{4x+y}{2}-\dfrac{15x+y}{6}$　（　　　）

□ ⓭ $4a\times2ab$　　　（　　　）　　□ ⓮ $18x^2y^2\div(-3xy)$　（　　　）

□ ⓯ $\dfrac{2}{3}a^2b\div\dfrac{8}{9}a$　　（　　　）　　□ ⓰ $5xy^2\times12x^2\div4x^3y$　（　　　）

◆請計算當 $x=-4$，$y=\dfrac{1}{6}$ 時，下列⓱、⓲的值。

□ ⓱ $x+y+2x+5y$　（　　　）　　□ ⓲ $3(x-2y)-2(6y+x)$　（　　　）

□ ⓳ 求等式 $x=2y^2+3z$ 中 z 的解。　　　　　　　　（　　　　　　　）

□ ⓴ 以下為任意2個整數皆為奇數時，兩數之和必然為偶數的解釋。請在□□□內填入正確的
式子。　　　　　　　　　　　　　　　　　　　　　（　　　　　　　）

┌─────────────────────────────────────┐
假設 m、n 為整數，則任意2個奇數可表示為 $2m+1$、$2n+1$。

此兩數的和為 $2m+1+2n+1=2($ □□□□□ $)$

因為 □□□□□ 為整數，故 $2($ □□□□□ $)$ 必為偶數，所以2個奇數的和必然為偶數。
└─────────────────────────────────────┘

第 2 章　聯立方程式

◆求下列❶～❽聯立方程式的解。

☐ ❶ $\begin{cases} x+2y=8 \\ -x+3y=7 \end{cases}$
　　　　　　（　　　　　　）

☐ ❷ $\begin{cases} 2x+3y=14 \\ 5x-y=-16 \end{cases}$
　　　　　　（　　　　　　）

☐ ❸ $\begin{cases} 2x-7y=13 \\ 3x+10y=-42 \end{cases}$
　　　　　　（　　　　　　）

☐ ❹ $\begin{cases} 3x+5y=13 \\ y=5x-31 \end{cases}$
　　　　　　（　　　　　　）

☐ ❺ $\begin{cases} 3(x+2y)=-9 \\ 5x-4(y-1)=-4 \end{cases}$
　　　　　　（　　　　　　）

☐ ❻ $\begin{cases} 3x-4y=23 \\ \dfrac{2}{5}x+\dfrac{1}{2}y=1 \end{cases}$
　　　　　　（　　　　　　）

☐ ❼ $\begin{cases} 2x-5y=-36 \\ 0.8x+0.7y=12.6 \end{cases}$
　　　　　　（　　　　　　）

☐ ❽ $2x+3y-10=12x-7y=28$
　　　　　　（　　　　　　）

☐ ❾ 請問若 $x=-1$、$y=3$ 是 x、y 的聯立方程式 $\begin{cases} ax+by=2 \\ bx+ay=10 \end{cases}$ 的解，a、b 的值為何？
（　　　　　　）

☐ ❿ 某學校去年有310名學生，今年男學生增加了5%，女學生減少了10%，學生總數減少了7人。請問今年這所學校分別有多少男學生和女學生。

（　　　　　　）

第 3 章　1 次函數

◆ 請針對1次函數 $y=2x+3$，回答下列❶、❷。

☐ ❶ 此函數的變化率　　　　　　　　　　　　　　　（　　　　　　）

☐ ❷ 當 x 增加2時，y 增加多少　　　　　　　　　（　　　　　　）

◆請針對直線 $y=-4x+5$，回答下列❸、❹。

☐ ❸ 斜率　　　　（　　　　　　）　☐ ❹ 截距　　　　（　　　　　　）

◆ 請針對1次函數 $y=ax+b$，回答下列❺、❻。

☐ ❺ 當 $a>0$ 時，此函數的圖形是向右上或向右下傾斜的直線。　（　　　　　　）

☐ ❻ 當 $a<0$ 時，此函數的圖形是向右上或向右下傾斜的直線。　（　　　　　　）

◆**請畫出下列⑦～⑨的1次函數和⑩的方程式的圖形。**

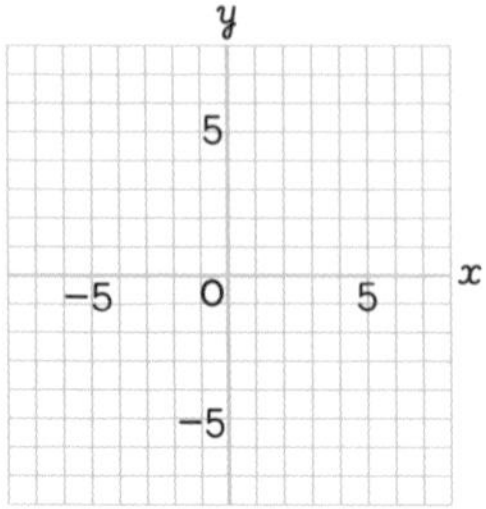

□ ⑦ $y=x+2$　　□ ⑧ $y=-2x+1$

□ ⑨ $y=-x-2$　　□ ⑩ $x-2y=-2$

□ ⑪ 1次函數$y=\frac{1}{2}x-3$的圖形中，當x的變域為$-1\leqq x\leqq 4$時，試求y的變域。

〔　　　〕

□ ⑫ 求直線斜率為2，通過點（1,4）的1次函數的關係式。

〔　　　〕

□ ⑬ 求直線截距為8，通過點（2,6）的1次函數的關係式。〔　　　〕

□ ⑭ 求直線通過兩點（−2,3）、（4,6）的1次函數的關係式。〔　　　〕

□ ⑮ 求直線$y=2x+3$和直線$y=-x+6$的交點座標。〔　　　〕

第 4 章　檢查圖形的方法

◆**右圖1，當兩直線交於1點時，求下列❶～❸的角度。**

圖1

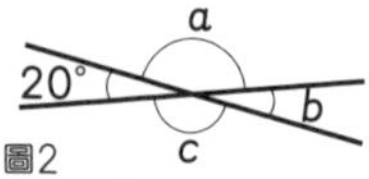

□ ❶ $\angle a$〔　　　〕　□ ❷ $\angle b$〔　　　〕

□ ❸ $\angle c$〔　　　〕

◆**當右圖2的$\ell /\!/ m$時，求下列❹、❺的角度。**

圖2

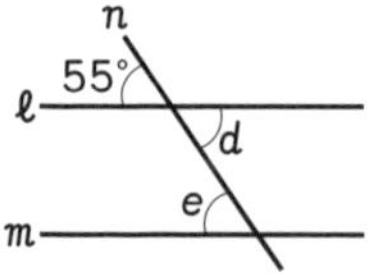

□ ❹ $\angle d$〔　　　〕　□ ❺ $\angle e$〔　　　〕

□ ❻ 當右圖3的$\ell /\!/ m$時，求$\angle x$的角度。〔　　　〕

□ ❼ 求右圖4中$\angle x$的角度。

〔　　　〕

圖3

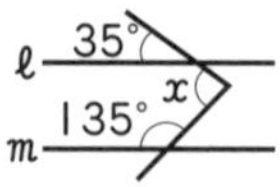

圖4

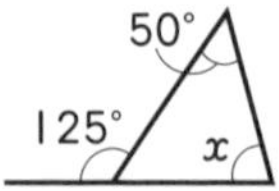

□ ❽ 求十四邊形的內角和。〔　　　〕

□ ❾ 求十八邊形的外角和。〔　　　〕

□ ⑩ 請寫出3個三角形的全等條件。

〔　　　　　　　　　　　　〕，〔　　　　　　　　　　　　　〕，

〔　　　　　　　　　　　　〕

◆右圖5中，當AB∥DC、BE＝DE時，△ABE≅△CDE可用下列
論證證明。請在⑪～⑭中填入正確的符號和文字。

圖5

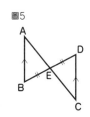

□ 〈證明〉　根據假設，BE＝⑪〔　　　　　　〕…(1)

因為對頂角相等，故∠BEA＝⑫〔　　　　　　〕…(2)

因為平行線的內錯角相等，故∠ABE＝⑬〔　　　　　〕

…(3)

由(1)、(2)、(3)，可知⑭〔　　　　　　　　〕皆相等，

故△ABE≅△CDE

第5章　圖形的性質

□ ❶ 請問右圖1中，當相同記號的邊等長時，試求∠x的角度。

圖1

〔　　　　　　　　　〕

□ ❷ 請寫出2個直角三角形的全等條件。

〔　　　　　　　　　　〕，〔　　　　　　　　　　〕

◆請從下面甲～戊中選出可使下列❸～❼圖中四邊形成為平行四邊形的條件，並將代號寫在括號
中。

□ ❸

〔　　　　　　〕

□ ❹

〔　　　　　　〕

甲	2組對邊互相平行。
乙	2組對邊皆等長。
丙	2組對角皆相等。
丁	對角線相交於彼此的中點。
戊	1組對邊平行且等長。

□ ❺

〔　　　　　　〕

□ ❻

〔　　　　　　〕

□ ❼

〔　　　　　　〕

93

◆請就右圖2的平行四邊形ABCD，回答下列 ❽、❾ 的角度。

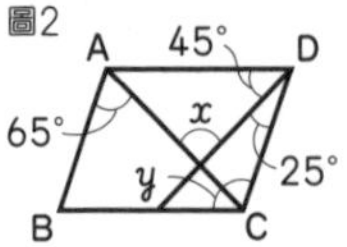

□ ❽ ∠x　　〔　　　　　〕　　□ ❾ ∠y　　〔　　　　　〕

◆請問右圖3的平行四邊形ABCD加上下列 ❿～⓬ 的條件後，會變成哪
　種四邊形。

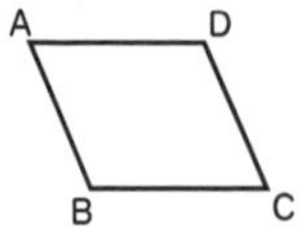

□ ❿ AB＝AD　　　　　　　　　　　〔　　　　　　　〕

□ ⓫ ∠A＝∠B　　　　　　　　　　〔　　　　　　　〕

□ ⓬ ∠A＝∠B，AB＝AD　　　　　〔　　　　　　　〕

圖2

圖3

第6章　機率

◆求擲1個骰子時，下列 ❶～❹ 的機率。

□ ❶ 骰出2點的機率　　　〔　　　　　〕　　□ ❷ 骰出奇數點的機率　〔　　　　〕

□ ❸ 骰出7點的機率　　　〔　　　　　〕　　□ ❹ 沒骰出1點的機率　〔　　　　〕

◆從裝有2顆紅球、3顆白球的箱子裡同時拿出2顆球時，求下列 ❺、❻ 的機率。

□ ❺ 2顆都是白球的機率　　　　　　　　　　〔　　　　　　　〕

□ ❻ 1顆紅球、1顆白球的機率　　　　　　　　〔　　　　　　　〕

◆從分別寫有1、2、3、4、5的5張卡片中抽1張卡，連抽2次，以第1次抽到的數字為十位數，第2
　次抽到的數字為個位數，組成2位數的整數，且卡片抽完後不放回牌堆。求下列 ❼、❽ 的機率。

□ ❼ 該整數為3的倍數的機率　　　　　　　　〔　　　　　　　〕

□ ❽ 該整數為奇數的機率　　　　　　　　　　〔　　　　　　　〕

◆求擲2個骰子時，下列 ❾、❿ 的機率。

□ ❾ 骰出的點數和為7的機率　　　　　　　　〔　　　　　　　〕

□ ❿ 骰出的點數和在8以上的機率　　　　　　〔　　　　　　　〕

MY
STUDY
GUIDE

Mathematics

中學3年級

第1章 多項式的計算

中學3年級

1. 單項式和多項式的乘除、乘法公式

本節要學習單項式和多項式的乘法、除法。
在多項式乘法的部分，請練習靈活地使用公式吧。

◆ 認識單項式和多項式的乘法、除法！

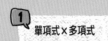 利用分配律 $a(b+c)=ab+ac$

1 單項式×多項式 ➡ 例 $3x(x+2y)=3x \times x+3x \times 2y$
$$=3x^2+6xy$$

2 多項式÷單項式 ➡ 例 $(6a^2+9a) \div 3a=(6a^2+9a) \times \dfrac{1}{3a}$ 利用分配律

乘以除數的倒數

重點是分配律！

$$=6a^2 \times \dfrac{1}{3a}+9a \times \dfrac{1}{3a}=2a+3$$

◆ 記住多項式相乘的方法吧！

多項式×多項式 ➡ 例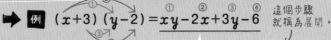

$(x+3)(y-2)=\underline{xy-2x+3y-6}$ 這個步驟就稱為展開。

去括號變成單項式的和的形式

記下來吧！

乘法公式

① $(x+a)(x+b)=x^2+\underline{(a+b)}x+\underline{ab}$

例 $(x+2)(x+4)=x^2+\underline{(2+4)}x+\underline{2 \times 4}=x^2+\underline{6}x+\underline{8}$

② $(x+a)^2=x^2+\underline{2a}x+\underline{a^2}$

例 $(x+3)^2=x^2+\underline{2 \times 3 \times x}+\underline{3^2}=x^2+\underline{6}x+\underline{9}$

③ $(x-a)^2=x^2-\underline{2a}x+\underline{a^2}$

例 $(x-4)^2=x^2-\underline{2 \times 4 \times x}+\underline{4^2}=x^2-\underline{8}x+\underline{16}$

④ $(x+a)(x-a)=x^2-\underline{a^2}$

例 $(x+2)(x-2)=x^2-\underline{2^2}=x^2-\underline{4}$

（ x+3 ）（ x−5 ）的展開不能使用乘法公式嗎？

如果想成（ x+3 ）[x+（ −5 ）]的話，就能套用乘法公式。

$$（ x+3 ）（ x−5 ）=（ x+\underline{3} ）[x+（ \underline{-5} ）]$$
$$=x^2+[\underline{3}+（ \underline{-5} ）]x+\underline{3}×（ \underline{-5} ）$$
$$=x^2-2x-15$$

> 利用 $(x+\underline{a})(x+\underline{b})$
> $= x^2+(\underline{a+b})\,x+\underline{ab}$

 $(2x−y)^2$ 或 $(x+y+4)(x+y−4)$ 的展開也能使用乘法公式嗎？

如果把 $2x$ 和 $x+y$ 當成1個代數，就能使用乘法公式。

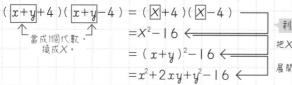

$$（\boxed{2x}−y）^2 = （\boxed{2x}）^2-2×\boxed{2x}×y+y^2$$

利用 $(x-a)^2=x^2-2ax+a^2$

當成1個代數 $=4x^2-4xy+y^2$

$$（\boxed{x+y}+4）（\boxed{x+y}−4） = （\boxed{X}+4）（\boxed{X}−4）$$
$$=X^2-16$$
$$=（x+y）^2-16$$
$$=x^2+2xy+y^2-16$$

當成1個代數，換成 X。

> 利用 $(x+a)(x-a)=x^2-a^2$
> 把 X 還原成 $x+y$
> 展開

 要怎麼簡化（ x−6 ）（ x+2 ）−（ x−3 ）^{2}？

展開式子去括號，整理同類項。

先從拿掉括號開始！

$$\boxed{（ x−6 ）（ x+2 ）}−\boxed{（ x−3 ）^2}$$
$$=\boxed{x^2-4x-12}-\boxed{（ x^2-6x+9 ）}$$
拿掉括號
$$=x^2-4x-12-x^2⊕6x⊖9$$
整理同類項
$$=2x-21$$

變簡單了！

別忘記要變換正負號

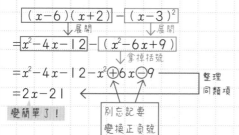

☑ 檢查表

□ 會做單項式和多項式的乘除法

□ 會做多項式的相乘

□ 能使用乘法公式展開多項式

第 1 章　多項式的計算

2. 因數分解

中學3年級

本節要學習質數和因數的意義，以及質因數分解的做法。
因數分解在解2次方程式的時候也會用到，請確實記下來吧。

分解玩具的話
我很拿手喔♪

◆ 用質數的積來表示整數！

| 質　數 | 除了1和它本身外沒有其他因數的自然數。 |

1不屬於
質數

例　3的因數只有1和3 ➡ 3是質數

用數個整數的積來表示整數

例　$30 = 6 \times 5$
　　　　　　30的因數

$30 = 2 \times 3 \times 5$　　用質數的乘積表示 ➡ 質因數分解

因為是質數的因數，所以稱為質因數。

質因數分解的步驟

用可以整除的質數
依序除下去。

除到商也同樣是
質數後停止。

$$\begin{array}{r}2)\overline{60}\\2)\overline{30}\\3)\overline{15}\\5\end{array}$$

$60 = \boxed{2} \times \boxed{2} \times \boxed{3} \times \boxed{5}$

$= 2^2 \times 3 \times 5$

◆ 記住因數分解的方法！

| 因數分解 | 用數個因數的積來表示多項式。 |

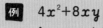

展開

$(\underline{x+2})(\underline{x-2}) \underset{\text{因數分解}}{\overset{\text{展開}}{\rightleftarrows}} \underset{\text{多項式}}{x^2-4}$
因數　　因數

1 將共同因數提出 ➡

例　$4x^2 + 8xy$
　　$= 4 \times x \times x + 4 \times 2 \times x \times y = 4x(x+2y)$
　　　　共同因數　　　　　　　　挪到括號外

是分配律喔

$ma + mb = m(a+b)$

2 利用因數分解的公式 ➡

① $x^2 + (a+b)x + ab = (x+a)(x+b)$
② $x^2 + 2ax + a^2 = (x+a)^2$
③ $x^2 - 2ax + a^2 = (x-a)^2$
④ $x^2 - a^2 = (x+a)(x-a)$

例　$x^2 - 25$
　　$= x^2 - 5^2$ ← 變形成x^2-a^2的形式
　　$= (x+5)(x-5)$ ← $x^2-a^2=(x+a)(x-a)$ ← 公式④

跟乘法公式　完全相反呢

因數分解的公式 ⟷ 乘法公式

x^2+6x+8 和 x^2-5x-6 要如何因數分解？

用 $x^2+(a+b)x+ab=(x+a)(x+b)$ 找出 a、b 的值。

$$x^2+\underline{6}\ x+\underline{8}$$
→① 尋找可使積為8的兩數
$$x^2+(\underline{a+b})\,x+\underline{ab}$$
→② 選出可使和為6的兩數

1和8	−1和−8	2和4	−2和−4
×	×	○	×

↓

此兩數為 $\underline{2}$ 和 $\underline{4}$

$$x^2+6x+8=x^2+(\underline{2}+\underline{4})x+\underline{2}\times\underline{4}=(x+\underline{2})(x+\underline{4})$$

- -

$$x^2-5x-6$$
→① 尋找可使積為−6的兩數
→② 選出可使和為−5的兩數

1和−6	−1和6	2和−3	−2和3
○	×	×	×

↓

此兩數為 $\underline{1}$ 和 $\underline{-6}$

$$x^2-5x-6=(x+\underline{1})(x-\underline{6})$$

 什麼情況下可以因數分解成 $(x+a)^2$ 的形式？

如 $x^2+2ax+a^2$，純數項為 a^2，且 x 的係數是 a 的2倍時。

例

$$x^2+6x+9 \quad\longleftarrow\quad 9是3^2，6是3的2倍$$
$$=x^2+2\times\underline{3}\times x+\underline{3}^2$$
$$=(x+\underline{3})^2$$

$x^2+2ax+a^2=(x+a)^2 \leftarrow$ 公式②

會做？
不會做？

參考　首先檢查有沒有共同因數

即使像 $2x^2+8x-24$ 這種無法直接使用公式進行因數分解的式子，有時仍可以藉由提出共同因數來套用公式。

$$2x^2+8x-24$$
提出共同因數2
$$=2(\underline{x^2+4x-12})$$
公式①
$$=2\underline{(x+6)(x-2)}$$

$x^2+(a+b)x+ab$
$=(x+a)(x+b)$

 檢查表

□ 能進行質因數分解
□ 會提出共同因數
□ 能利用公式做因數分解

第 1 章

2
因
數
分
解

99

1. 平方根

平方後會變成a的數就稱為a的平方根。
本節要學習平方根的性質和大小。

◆ 首先，記住平方根的性質吧！

平方根是
甜菜根的親戚？

1 平方根的性質 ➡

①正數的平方根 ➡ 有正數也有負數，且兩數絕對值相等。

例　由$3^2=9$，$(-3)^2=9$可知

9的平方根是3和-3

②負數的平方根 ➡ 無。

③0的平方根 ➡ 0

2 正數a的平方根 ➡

正根 ➡ $\sqrt{a}$　讀做「根號a」
負根 ➡ $-\sqrt{a}$　讀做「正負根號a」

有時會統一寫成$\pm\sqrt{a}$。

符號$\sqrt{\ }$　讀做根號

當$\sqrt{\ }$中的數字為某數的平方時 ➡ 可以拿掉$\sqrt{\ }$

例　$\sqrt{36}=\sqrt{6^2}=6$　　$-\sqrt{36}=-\sqrt{6^2}=-6$　　$\sqrt{(-6)^2}=\sqrt{36}=6$

$(-6)\times(-6)=36$

◆ 平方根的比大小

記下來吧！

平方根的大小

當a、b為正數時，
若 $a<b$ 則 $\sqrt{a}<\sqrt{b}$

例　・$\sqrt{3}$和$\sqrt{5}$比大小 ➡ 因為$3<5$，故$\sqrt{3}<\sqrt{5}$

・$-\sqrt{3}$和$-\sqrt{5}$比大小

➡比較絕對值，$\sqrt{3}<\sqrt{5}$

因為負數的絕對值愈大則數值愈小，

$-\sqrt{3}>-\sqrt{5}$

・5和$\sqrt{26}$比大小

➡$5=\sqrt{5^2}=\sqrt{25}$　改成有根號的數

因為$\sqrt{25}<\sqrt{26}$，故$5<\sqrt{26}$

Q $(\sqrt{7})^2$ 和 $(-\sqrt{7})^2$ 是多少？

因為正數a的平方根是 $\pm\sqrt{a}$，所以是 $(\sqrt{a})^2=a$、$(-\sqrt{a})^2=a$。

因為 $(\sqrt{a})^2=a$，故 $(\sqrt{7})^2=7$

因為 $(-\sqrt{a})^2=a$，故 $(-\sqrt{7})^2=7$

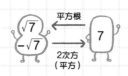

 Q 有理數、無理數是什麼樣的數？

也有不講理的
數呢！

可以用分數表示的數是有理數，不能用分數表示的是無理數。

例

把4、−5、0.143、$\sqrt{2}$、$\sqrt{9}$分成有理數和無理數。

檢查以上數字是否可以分數形式表示，

$4=\dfrac{4}{1}$ $-5=-\dfrac{5}{1}$ $0.143=\dfrac{143}{1000}$ $\underline{\sqrt{2}=1.4142\cdots}$ $\sqrt{9}=\sqrt{3^2}=3=\dfrac{3}{1}$

不能用分數表示 ➡ 無理數

故只有 $\sqrt{2}$ 是無理數，其他都是有理數。

整理到目前為止所有學過的數……

數 $\begin{cases} 有理數 \begin{cases} 整數 \begin{cases} 正整數（自然數）\\ 0 \\ 負整數 \end{cases} \\ 分數 \end{cases} \\ 無理數 \end{cases}$

π 是無理數
3.141592653589

memo

有限小數：如 $\dfrac{3}{4}=0.75$ 這種寫得完的小數。

無限小數：如 $\sqrt{2}=1.41421356\cdots$ 這種可以無限寫下去的小數。

循環小數：無限小數中如 $\dfrac{1}{3}=0.\dot{3}33\cdots$ 和

$\dfrac{12}{11}=1.090909\cdots$ 這種相同的數字不斷循環出現的小數。

＊有限小數和循環小數可以化成分數，所以是有理數。

☑ 檢查表

☐ 了解平方根的性質
☐ 了解平方根的大小
☐ 明白有理數和無理數的差別

101

2. 含根號之數式的乘除

本節要學習包含根號之數式的乘法·除法。
請好好記住使分母有理化的方法吧。

中學3年級

◆ 這就是含根號的數式的乘、除法基本！

1 計算 $\sqrt{a} \times \sqrt{b}$

➡ 例
$\sqrt{7} \times \sqrt{5}$
$= \sqrt{7 \times 5}$ ⟵ 這裡是重點 $\sqrt{a} \times \sqrt{b} = \sqrt{ab}$（$a \cdot b$為正數）
$= \sqrt{35}$

2 計算 $\dfrac{\sqrt{a}}{\sqrt{b}}$

➡ 例
$\dfrac{\sqrt{72}}{\sqrt{2}}$
$= \sqrt{\dfrac{72}{2}}$ ⟵ 這裡是重點 $\dfrac{\sqrt{a}}{\sqrt{b}} = \sqrt{\dfrac{a}{b}}$（$a \cdot b$為正數）
$= \sqrt{36} = \sqrt{6^2} = 6$ ⟵ 可以去 $\sqrt{}$ 的時候就拿掉

把數字縮緊
塞到 $\sqrt{}$ 裡！

◆ 記住有根號的數的變形方法吧！

1 變形成 $\sqrt{a}$ 的形式

➡ 例
$3\sqrt{2}$ ⟵ $a \times \sqrt{b}$可表示成$a\sqrt{b}$（$\sqrt{a} \times \sqrt{b}$也可表示成$\sqrt{a}\sqrt{b}$）
$= \sqrt{3^2} \times \sqrt{2}$ ⟵ 把3平方後加上 $\sqrt{}$
$= \sqrt{3^2 \times 2}$ ⟵ $a\sqrt{b}$可以變形成$\sqrt{a^2 b}$的形式！
$= \sqrt{18}$

2 變形成 $a\sqrt{b}$ 的形式

➡ 例
$\sqrt{50} = \sqrt{5^2 \times 2}$ ⟵ 把 $\sqrt{}$ 內改成$a^2 b$的形式
$= \sqrt{5^2} \times \sqrt{2}$
$= 5\sqrt{2}$ ⟵ $\sqrt{a^2 b}$可以變形成$a\sqrt{b}$的形式！

$\sqrt{180} = \sqrt{2^2 \times 3^2 \times 5}$ ⟵ 使用質因數分解！
$= \sqrt{2^2} \times \sqrt{3^2} \times \sqrt{5}$
$= 2 \times 3 \times \sqrt{5}$ ⟵ 乘上整數部分
$= 6\sqrt{5}$

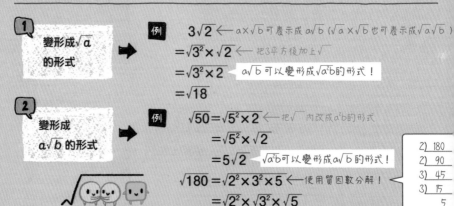

拜拜

$2)\underline{180}$
$2)\underline{90}$
$3)\underline{45}$
$3)\underline{15}$
5
$180 = 2^2 \times 3^2$

有沒有辦法使含根號的數式乘法更簡單？

盡可能把 $\sqrt{}$ 內的數字變小，計算就會變簡單。

例

(1) $\sqrt{14}\times\sqrt{21}=\sqrt{2\times7}\times\sqrt{3\times7}=\sqrt{2\times3\times7^2}$ ← 把 7^2 移至 $\sqrt{}$ 外

把 $\sqrt{}$ 內變成兩數乘積的形式

$=7\sqrt{6}$

計算變簡單了！

(2) $\sqrt{12}\times\sqrt{45}=\sqrt{2^2\times3}\times\sqrt{3^2\times5}=2\sqrt{3}\times3\sqrt{5}$ ← 改成 $a\sqrt{b}$ 形式計算就簡單了！

改成 $\sqrt{a^2b}$ 的形式

$=2\times3\times\sqrt{3}\times\sqrt{5}$

$=6\sqrt{15}$

 什麼是分母有理化？

 讓分母變得更俐落

就是把分數分母中含有 $\sqrt{}$ 的數改成沒有 $\sqrt{}$ 的數。

只要將分母和分子同乘以分母中含有 $\sqrt{}$ 的數，就能使分母有理化。

例

(1) $\dfrac{\sqrt{5}}{\sqrt{3}}=\dfrac{\sqrt{5}\times\sqrt{3}}{\sqrt{3}\times\sqrt{3}}$ ← 分母和分子同乘以 $\sqrt{3}$

$=\dfrac{\sqrt{15}}{3}$　分母變成沒有 $\sqrt{}$ 的形式了！

(2) $\dfrac{2}{\sqrt{54}}=\dfrac{2}{3\sqrt{6}}=\dfrac{2\times\sqrt{6}}{3\sqrt{6}\times\sqrt{6}}$ ← 分母和分子同乘以 $\sqrt{6}$

改成 $a\sqrt{b}$ 的形式

$=\dfrac{\overset{1}{\cancel{2}}\times\sqrt{6}}{3\times\underset{3}{\cancel{6}}}=\dfrac{\sqrt{6}}{9}$ ← 中途可以約分就先約分

分母變成沒有 $\sqrt{}$ 的形式了！

平方根的近似值

例如，當 $\sqrt{2}$ 的近似值為 1.414 時，$\sqrt{200}$ 和 $\sqrt{0.02}$ 的值就可以用下列方式算出。

$\cdot\ \sqrt{200}=\sqrt{2\times10^2}=10\sqrt{2}=10\times1.414=14.14$

$\cdot\ \sqrt{0.02}=\sqrt{\dfrac{2}{10^2}}=\dfrac{\sqrt{2}}{10}=1.414\div10=0.1414$

☑ 檢查表

□ 會做含根號的數式的乘除
□ 能將分母有理化

平方根

3. 含根號之數式的計算

接續前一節的乘除法，本節要學習含根號之數式的加法·減法。
在含根號之數式的各種計算中，經常用到分配律和乘法公式。

◆ 這就是含根號之數式的加、減法基礎！

√ 的部分
數字相同
↓
用跟代數式的同類項
相同的方法來整理。
➡

啊——搞錯了！

$$\sqrt{2}+\sqrt{8}=\sqrt{2+8}$$
$$=\sqrt{10}$$

例 (1) $3\sqrt{7}+5\sqrt{7}$ ← 把 $\sqrt{7}$ 當成 a，就是 $3a+5a$

$\quad = (3+5)\sqrt{7}$ ← $3a+5a = (3+5)a$

$\quad = 8\sqrt{7}$ ← $8a$

(2) $3\sqrt{7}-5\sqrt{7}$ ← 把 $\sqrt{7}$ 當成 a，就是 $3a-5a$

$\quad = (3-5)\sqrt{7}$ ← $3a-5a = (3-5)a$

$\quad = -2\sqrt{7}$ ← $-2a$

(3) $\sqrt{2}+\sqrt{8}$ ← 雖然 $\sqrt{\ }$ 內的數看起來不一樣……

$\quad = \sqrt{2}+2\sqrt{2}$ ← 把 $\sqrt{8}$ 改成 $a\sqrt{b}$ 的形式

$\quad = (1+2)\sqrt{2}$ 就出現 $\sqrt{2}$ 了！

$\quad = 3\sqrt{2}$

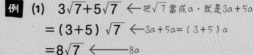 分配律經常出現呢

◆ 各種含根號數式的計算

1 使用
分配律計算
➡

例 $\sqrt{2}(\sqrt{6}+5)$ ──┐ 利用分配律 $a(b+c) = ab+ac$

$= \sqrt{2}\times\sqrt{6}+\sqrt{2}\times 5$ ←

$= \sqrt{2}\times(\sqrt{2}\times\sqrt{3})+5\sqrt{2}$ ← $\sqrt{6}=\sqrt{2\times3}=\sqrt{2}\times\sqrt{3}$

$= 2\sqrt{3}+5\sqrt{2}$

2 使用
乘法公式計算
➡

例 $(\sqrt{5}+\sqrt{2})^2$ ← 以 $\sqrt{5}$ 為 x、$\sqrt{2}$ 為 a 的話，就是 $(x+a)^2$

$= (\sqrt{5})^2+2\times\sqrt{2}\times\sqrt{5}+(\sqrt{2})^2$ ← $(x+a)^2=x^2+2ax+a^2$

$= 5+2\sqrt{10}+2$

$= 7+2\sqrt{10}$

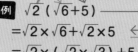

分母有√ ̄的分數要怎麼加減？

首先，把分母有理化之後再計算。

例

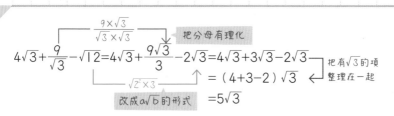

$$4\sqrt{3}+\dfrac{9}{\sqrt{3}}-\sqrt{12}=4\sqrt{3}+\dfrac{9\sqrt{3}}{3}-2\sqrt{3}=4\sqrt{3}+3\sqrt{3}-2\sqrt{3}$$

把分母有理化　$\dfrac{9\times\sqrt{3}}{\sqrt{3}\times\sqrt{3}}$

把有$\sqrt{3}$的項整理在一起

$$=(4+3-2)\sqrt{3}$$

改成$a\sqrt{b}$的形式　$\sqrt{2^2\times3}$

$$=5\sqrt{3}$$

 複雜的數式要怎麼算？

我看看，是不是更簡單了呢！

「例」之(1)用乘法公式，(2)用多項式×多項式的展開來計算。

例

(1) $(\sqrt{5}+1)(\sqrt{5}-3)$

利用$(x+a)(x+b)=x^2+(a+b)x+ab$

$$=(\sqrt{5})^2+(1-3)\sqrt{5}+1\times(-3)$$
$$=5-2\sqrt{5}-3=2-2\sqrt{5}$$

(2) $(\sqrt{2}+1)(2\sqrt{2}-3)$

$$=\underset{①}{\sqrt{2}\times2\sqrt{2}}+\underset{②}{\sqrt{2}\times(-3)}+\underset{③}{1\times2\sqrt{2}}+\underset{④}{1\times(-3)}$$
$$=4-3\sqrt{2}+2\sqrt{2}-3=4-3-3\sqrt{2}+2\sqrt{2}=1-\sqrt{2}$$

 當 $x=3+\sqrt{2}$，$y=3-\sqrt{2}$ 時，x^2-y^2的值要怎麼算？

先對x^2-y^2因數分解，再代入x、y的值，計算就會變簡單。

$$x^2-y^2$$
$$=(\underline{x}+\underline{y})(\underline{x}-\underline{y})$$
$$=[(\underline{3+\sqrt{2}})+(\underline{3-\sqrt{2}})][(\underline{3+\sqrt{2}})-(\underline{3-\sqrt{2}})]$$
$$=(3+\sqrt{2}+3-\sqrt{2})(3+\sqrt{2}-3+\sqrt{2})$$
$$=6\times2\sqrt{2}=12\sqrt{2}$$

將 $x=3+\sqrt{2}$，$y=3-\sqrt{2}$ 代入此式

☑ 檢查表

□ 會做含根號之數式的加減法
□ 會做含根號之數式的各種計算

1. 2次方程式及其解法、求解的公式

可以變形成（2次式）＝0形式的方程式，就稱為2次方程式。
本節要學習2次方程式的求解（可使2次方程式成立的代數值）方法。

◆ 用平方根的思考方式求解

① $ax^2 - b = 0$ 的形式

改成 $ax^2 = b$ 的形式

改成 $x^2 = ■$ 的形式

■的平方根就是解

例 $3x^2 - 27 = 0$

$3x^2 = 27$ ← 將 −27 移項到右側

$x^2 = 9$ ← 兩邊同除以3

$x = \pm 3$ ← 求9的平方根

② $(x+m)^2 = n$ 的形式

把 $x+m$ 當成1個代數，換成 X

求 X 的值

把 X 還原成原始值

求 x 的值

例 $(x+4)^2 = 25$

$X^2 = 25$ ← 把 $x+4$ 換成 X

$X = \pm 5$ ← 求25的平方根

$x+4 = \pm 5$ ← 把 X 還原為 $x+4$

$x+4 = 5$，$x = 1$

$x+4 = -5$，$x = -9$

◆ 使用求解的公式求解

公式!?

記下來吧!

2次方程式的求解公式

2次方程式 $ax^2 + bx + c = 0$ 的解為

$$x = \frac{-b \pm \sqrt{b^2 - 4ac}}{2a}$$

例 $2x^2 - 4x - 1 = 0$

將 $a=2$，$b=-4$

$c=-1$ 代入解的公式，

負數要加上（ ）!

$$x = \frac{-(-4) \pm \sqrt{(-4)^2 - 4 \times 2 \times (-1)}}{2 \times 2}$$

$$= \frac{4 \pm \sqrt{24}}{4}$$

盡可能簡化 $\sqrt{}$ 內的數

$$= \frac{4 \pm 2\sqrt{6}}{4} = \frac{2 \pm \sqrt{6}}{2}$$

可以約分就約分

$\dfrac{\overset{2}{\cancel{4}} \pm \overset{1}{\cancel{2}}\sqrt{6}}{\underset{2}{\cancel{4}}}$

如何用平方根的思考方式解 $x^2+px+q=0$ 形式的方程式？

把方程式變形成 $(x+m)^2=n$ 的形式後即可解。

例

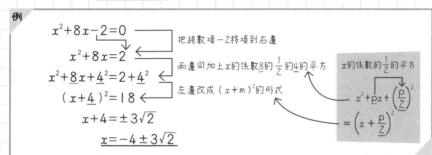

$$x^2+8x-2=0$$ ── 把純數項-2移項到右邊
$$x^2+8x=2$$ ←
$$x^2+8x+\underline{4}^2=2+\underline{4}^2$$ ← 兩邊同加上x的係數$\underline{8}$的$\frac{1}{2}$的$\underline{4}$的平方
$$(x+\underline{4})^2=18$$ ← 左邊改成$(x+m)^2$的形式
$$x+4=\pm3\sqrt{2}$$
$$\underline{x=-4\pm3\sqrt{2}}$$

x的係數的$\frac{1}{2}$的平方

$$x^2+px+\left(\frac{p}{2}\right)^2$$
$$=\left(x+\frac{p}{2}\right)^2$$

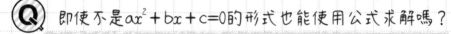 即使不是 $ax^2+bx+c=0$ 的形式也能使用公式求解嗎？

移項改成 $ax^2+bx+c=0$ 的形式後即可使用求解公式。

例

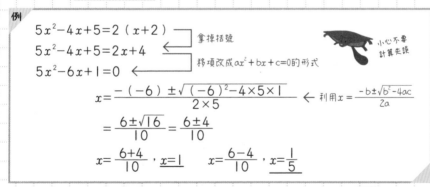

$$5x^2-4x+5=2(x+2)$$ ── 拿掉括號
$$5x^2-4x+5=2x+4$$ ←
$$5x^2-6x+1=0$$ ← 移項改成$ax^2+bx+c=0$的形式

小心不要計算失誤

$$x=\frac{-(-6)\pm\sqrt{(-6)^2-4\times5\times1}}{2\times5}$$ ← 利用$x=\frac{-b\pm\sqrt{b^2-4ac}}{2a}$
$$=\frac{6\pm\sqrt{16}}{10}=\frac{6\pm4}{10}$$
$$x=\frac{6+4}{10}，\underline{x=1} \qquad x=\frac{6-4}{10}，\underline{x=\frac{1}{5}}$$

求解時的注意事項

$\sqrt{\ }$中的數要盡可能是數值偏小的自然數喔

☑ 檢查表

☐ 能用平方根思考法解2次方程式
☐ 明白求解公式的用法

2. 2次方程式和因數分解

本節要學習可以對2次方程式 $x^2+px+q=0$ 的左側做因數分解時的解法。
在做2次方程式的應用題時,別忘了要檢查方程式的解。

公式…
呃呃…

◆ 使用因數分解的解法

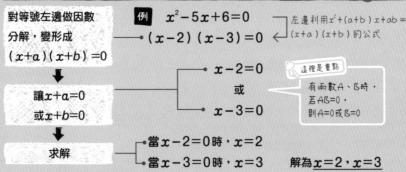

對等號左邊做因數
分解,變形成
$(x+a)(x+b)=0$

例 $x^2-5x+6=0$
$(x-2)(x-3)=0$

左邊利用 $x^2+(a+b)x+ab=$
$(x+a)(x+b)$ 的公式

讓 $x+a=0$
或 $x+b=0$

$x-2=0$
或
$x-3=0$

這裡是重點

有兩數A、B時,
若AB=0,
則A=0或B=0

求解

當 $x-2=0$ 時,$x=2$
當 $x-3=0$ 時,$x=3$

解為 $x=2$,$x=3$

◆ 2次方程式應用題的解法

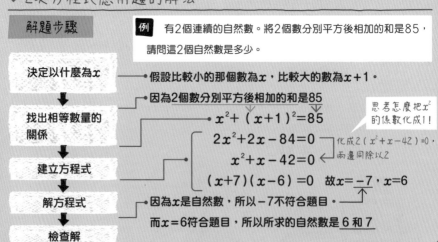

解題步驟

例 有2個連續的自然數。將2個數分別平方後相加的和是85,
請問這2個自然數是多少。

決定以什麼為 x

假設比較小的那個數為 x,比較大的數為 $x+1$。

找出相等數量的
關係

因為2個數分別平方後相加的和是85

$x^2+(x+1)^2=85$

思考怎麼把 x^2
的係數化成1!

建立方程式

$2x^2+2x-84=0$
$x^2+x-42=0$
$(x+7)(x-6)=0$ 故 $x=-7$,$x=6$

化成 $2(x^2+x-42)=0$,
兩邊同除以2

解方程式

因為 x 是自然數,所以 -7 不符合題目。

而 $x=6$ 符合題目,所以所求的自然數是 6 和 7

檢查解

不是 $x^2+px+q=0$ 形式的方程式要怎麼解？

整理方程式，改成（2次式）＝0的形式，再運用因數分解。

$$(x-2)^2=6x-21$$
$$x^2-4x+4=6x-21$$
$$x^2-10x+25=0$$
$$(x-5)^2=0$$
$$\underline{x=5}$$

利用乘法公式 $(x-a)^2=x^2-2ax+a^2$，去掉左邊的括號

移項到左邊，改成（2次式）=0的形式

對左邊做因數分解

2次方程式有時只會有1個解

當等號左邊無法因數分解時，套用求解公式就能解開。

 右圖中的道路寬度要怎麼算？

把道路移到邊緣，把所有田地合併成一個長方形來想。

如右下的圖，即使把道路的部分移動到邊邊，也不會影響田地的面積，所以假設道路寬度是 x m，那麼田地的面積就是：

$$(10-x)(14-x)=96 \leftarrow \text{長方形面積=長×寬}$$
$$140-24x+x^2=96$$
$$x^2-24x+44=0$$
$$(x-22)(x-2)=0$$

因此，$x=22$，$x=2$

因為道路寬度短於土地總長度的10m，故

$$0<x<10$$

因此，$x=22$ 不符合問題。

而 $x=2$ 符合題目，故路寬是 <u>2 m</u>

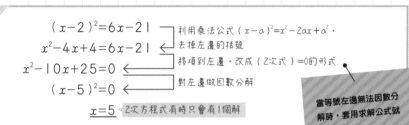

田地面積 總計96m²　　路寬和長·寬一樣

14m

路寬

10m

路寬　道路

整體為長方形的土地

把道路移到邊緣

(14−x)m

(10−x)m　田 (96m²)　xm

xm　道路

花田好漂亮

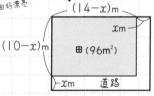

☑ 檢查表

□ 能用因數分解解2次方程式

□ 了解2次方程式應用題的解題步驟

函數

1. 函數 $y=ax^2$

y是x的函數，且可表示為$y=ax^2$時，y與x的平方成正比。
本節要學習函數$y=ax^2$的關係式的建構方法和圖形特徵。

◆ 首先記住函數 $y=ax^2$ 的性質！

函數 $y=ax^2$ 的性質 （a是比例常數）

① 當x的值變成 2 倍、3 倍、……時，
　　y的值會變成 4 倍、9 倍、……。
　　　　↑$_{2^2}$　↑$_{3^2}$

② $\dfrac{y}{x^2}$ 的值固定不變，與比例常數a相等。

函數 $y=ax^2$ 的例子

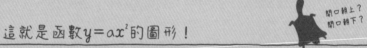

求圓面積的關係式
➡ $y=\pi x^2$

y與x的平方成正比，
且比例常數為π

開口朝上？
開口朝下？

◆ 這就是函數 $y=ax^2$ 的圖形！

函數 $y=ax^2$ 的圖形 ➡ 通過原點，對稱於y軸的曲線（拋物線）。

當 $a>0$ 時

$y=ax^2$
對稱軸
開口朝上
拋物線的頂點

當 $a<0$ 時

拋物線的頂點
開口朝下
$y=ax^2$
對稱軸

比例常數a的絕對值
與圖形的開口方向

a的絕對值愈大，
圖形的開口愈小。

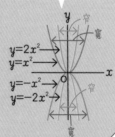

窄
寬
$y=2x^2$ ➡
$y=x^2$ ➡
$y=-x^2$ ➡
$y=-2x^2$ ➡
窄
寬

與平方成正比的關係式要怎麼寫？

先假設關係為$y=ax^2$，再代入x、y的值，求a的值。

例

y與x的平方成正比，且當$x=-3$ 時$y=27$。

① 因為y與x的平方成正比，故假設比例常數為a，則$y=ax^2$

代入$y=27$

② $y=ax^2$ ➡ 由$27=a×(-3)^2$可知$27=a×9$，$a=3$

代入$x=-3$

③ 因為$a=3$，故$y=3x^2$

 函數$y=ax^2$的圖形怎麼畫？

把對應之x、y值的座標點用平滑曲線連接起來。

例

畫出$y=x^2$的圖形。

①將對應之x、y的值整理如下表。

	①	②	③	④	⑤	⑥	⑦	
x	⋯	-3	-2	-1	0	1	2	3	⋯
y	⋯	9	4	1	0	1	4	9	⋯

$(-3)^2 (-2)^2 (-1)^2$　$1^2 \ 2^2 \ 3^2$

②將①表中的數對（x，y）點在座標上。

③將②中點出的點用平滑曲線連接起來。

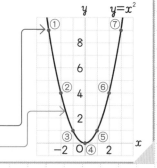

參考 $y=ax^2$和$y=-ax^2$的圖形

比較$y=x^2$和$y=-x^2$的圖形，如右圖可知兩者剛好對稱於x軸。也就是說，$y=ax^2$和$y=-ax^2$的圖形，不論比例常數a是多少，都會對稱於x軸。

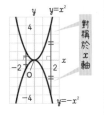

對稱於x軸

☑ **檢查表**

☐ 認識與平方成正比的函數

☐ 能算出與平方成正比的函數式

☐ 能畫出$y=ax^2$的圖形

第 4 章　函數

中學3年級

2. 函數 $y = ax^2$ 的值的變化

本節要學習函數 $y = ax^2$ 的值增減的情形和變域。
要注意此函數的變化率跟中學2年級學過的1次函數不一樣。

增增減減…

◆ 函數 $y = ax^2$ 的值的增減和變域

1 $y = ax^2$ 的值的增減

$x > 0$ 時和 $x < 0$ 時，增減的情況不一樣

當 $a > 0$ 時	當 $a < 0$ 時

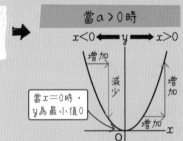

當 $x = 0$ 時，y 為最小值0

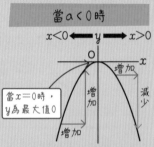

當 $x = 0$ 時，y 為最大值0

2 x 的變域和 y 的變域

若 x 的變域包含0，y 的最大值或最小值為0

x 的變域不包含0的情況	x 的變域包含0的情況

例
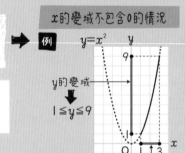

y 的變域 → $1 \leq y \leq 9$

x 的變域 ➡ $1 \leq x \leq 3$

例
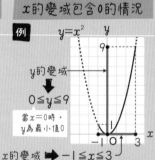

y 的變域 → $0 \leq y \leq 9$

當 $x = 0$ 時，y 為最小值0

x 的變域 ➡ $-1 \leq x \leq 3$

◆ 函數 $y = ax^2$ 的變化率

1 求變化率的公式
➡ $(變化率) = \dfrac{(y\ 的增加量)}{(x\ 的增加量)}$

2 $y = ax^2$ 的變化率特徵
➡ 變化率會隨 x 從多少值增加到多少值而異，並非固定。

對於函數 $y = -\dfrac{1}{4}x^2$，如何從 x 的變域求 y 的變域？

先畫出簡單的圖形，找出最大值、最小值，就能防止計算錯誤。

例

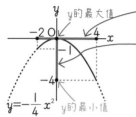

當 x 的變域為 $-2 \leq x \leq 4$ 時的 y 的變域，就是簡單畫出圖形後的這個部分。

· y 的最大值 ➡ 當 $x = 0$ 時，$y = \underline{0}$

· y 的最小值 ➡ 當 $x = 4$ 時，$y = -\dfrac{1}{4} \times 4^2 = \underline{-4}$

因此，y 的變域是

$\underline{-4} \leq y \leq \underline{0}$

> 將 $y = -\dfrac{1}{4}x^2$ 代入 $x = 4$

 函數 $y = 2x^2$ 的變化率怎麼算？

利用 $(變化率) = \dfrac{(y \text{的增加量})}{(x \text{的增加量})}$ 來計算。

例

(1) 當 x 從 1 增加到 4 時

當 $x = 1$ 時，$y = 2 \times 1^2 = 2$
當 $x = 4$ 時，$y = 2 \times 4^2 = 32$

變化率為 $\dfrac{(y \text{的增加量})}{(x \text{的增加量})} = \dfrac{32 - 2}{4 - 1} = \underline{10}$

(2) 當 x 從 3 增加到 6 時

> 變化率不是固定不變

當 $x = 3$ 時，$y = 2 \times 3^2 = 18$
當 $x = 6$ 時，$y = 2 \times 6^2 = 72$

變化率為 $\dfrac{(y \text{的增加量})}{(x \text{的增加量})} = \dfrac{72 - 18}{6 - 3} = \underline{18}$

參考 平均速度和變化率

一顆球滾下斜面時，其平均速度可用

$\dfrac{前進距離}{前進時間}$ （m/s）求出。

假設球開始滾動後 x 秒內前進了 y m，且兩者的關係為 $y = 2x^2$，則開始滾動 1 秒後到 4 秒後的平均速度，就等於求 x 從 1 增加到 4 時的變化率。

根據第 2 個 Q (1) 可知此球的平均速度是 $\underline{10\text{m/s}}$ 。

☑ 檢查表

□ 明白函數 $y = ax^2$ 的值的增減

□ 了解 x、y 的變域

□ 能算出函數 $y = ax^2$ 的變化率

第 4 章　函數

中學3年級

3. 生活中的事件和函數

本節要學習我們身邊圖形中的函數 $y=ax^2$ 的例子。
也請想想看其他跟過去學過的函數不一樣的函數吧。

◆ 我們身邊可見的函數 $y=ax^2$ 的例子

剎車距離

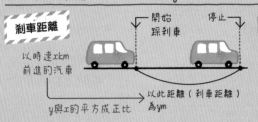

以時速 $x$km
前進的汽車

y 與 x 的平方成正比

開始
踩剎車

停止

以此距離（剎車距離）
為 ym

例 假設以時速30km行駛的汽車
的剎車距離是6m，將 $x=30$、
$y=6$ 代入 $y=ax^2$，
由 $6=a\times30^2$，可知 $a=\dfrac{1}{150}$
故關係式為 $y=\dfrac{1}{150}x^2$

球的掉落

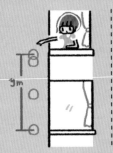

假設 x 秒間的
掉落距離為 ym，
則 x、y 的關係
大約是 $y=4.9x^2$

鐘擺長度與往返一次的時間

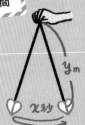

假設 x 秒內可往返一次的鐘
擺長度為 ym，
則 x、y 的關係
大約是 $y=\dfrac{1}{4}x^2$

◆ 各種函數

1次函數和函數
$y=ax^2$ 是
不同函數

↓

畫出圖形
確認變化的模式

例 下表是某鐵路公司的乘車距離和運費之間
的關係。

乘車距離	運費
4 km以下	120元
8 km以下	150元
12km以下	180元
16km以下	210元

以乘車距離
為 $x$km，
運費為 y元，
畫成圖形後
……

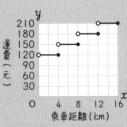

●…包含端點　○…不含端點

怎麼求通過拋物線上2點的直線方程式？

將該2點的座標代入 $y=mx+n$，解 m、n 的聯立方程式。

例

如右圖，求通過 $y=\frac{1}{2}x^2$ 上的2點A、B的直線AB的方程式。

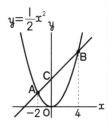

① A、B兩點的 x 座標分別是 $\underline{-2}$、$\underline{4}$，故 y 座標分別是

點A⋯ $y=\frac{1}{2}\times(-2)^2=\underline{2}$ ← 將 $x=-2$ 代入 $y=\frac{1}{2}x^2$

點B⋯ $y=\frac{1}{2}\times 4^2=\underline{8}$ ← 將 $x=4$ 代入 $y=\frac{1}{2}x^2$

② 假設直線AB的方程式為 $y=mx+n$，代入此兩點的座標

$$\begin{cases} 2=-2m+n \\ 8=4m+n \end{cases}$$

解此聯立方程式，得 $m=1$，$n=4$ → 直線方程式為 $\underline{y=x+4}$

 上圖中△OAB的面積怎麼算？

分成△OAC和△OBC，分別求兩者的面積。

① 點C是直線AB跟 y 軸的交點，其 y 座標

等於直線AB的截距4，故OC=4 ← OC為底邊

② △OAC的底邊為4，高為2 ← 因點A的 x 座標為 -2

△OBC的底邊為4，高為4 ← 因點B的 x 座標為4

③ △OAB= $\frac{1}{2}\times 4\times 2+\frac{1}{2}\times 4\times 4=\underline{12}$

　　　　　 △OAC的面積　　△OBC的面積

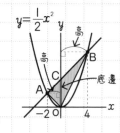

解開一個難題囉

參考　圖形的移動和函數

將右圖中的直角等腰三角形順著➡的方向移動時，與正方形重疊的AB長為 x cm，重疊部分的面積為 y cm^2，y 為 x 的函數。

當 $0\leq x\leq 6$ 時，重疊部分為直角等腰三角形，故由 $y=\frac{1}{2}\times x\times x$，可得 $y=\frac{1}{2}x^2$ 的關係式。

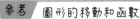

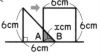

☑ **檢查表**

□ 知道生活周遭的函數 $y=ax^2$ 的例子

□ 認識各種函數

□ 能利用拋物線和直線的交點解決問題

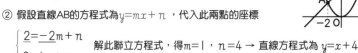

第 5 章

中學3年級

相似圖形

Ⅰ. 相似圖形

本節要學習形狀相同，但大小不同的圖形。
請一邊意識相似與全等的差異，一邊學習吧。

◆ 首先記住這個吧！

相似的圖形

有2個圖形，當其中一方縮小或放大後會跟另一個圖形全等時，
我們就說這兩個圖形是相似的。

相似的
兄弟！

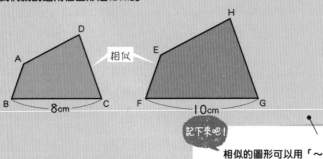

相似

記下來吧！

相似的圖形可以用「～」符號來表示。
上圖中，四邊形ABCD～四邊形EFGH。

相似圖形的性質

· 對應部分的長度比全部相等。

上圖中，AB：EF＝BC：FG＝CD：GH＝DA：HE

· 對應角的角度分別對應相等。

上圖中，∠A＝∠E，∠B＝∠F，∠C＝∠G，∠D＝∠H

打掃的時候，
我喜歡擦玻璃！

相似比

相似的2個圖形中，對應部分的長度比。

上圖中，BC：FG＝8：10＝4：5　　也能寫成$\frac{4}{5}$（比值）。

怎麼判斷三角形是否相似？

注意邊長比和角度，使用三角形的相似條件判斷。

例

請從下圖中挑出2組相似的三角形組合。

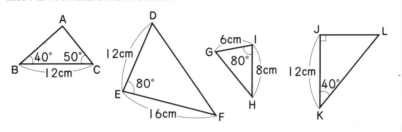

· △ABC中，∠A＝180°－（40°+50°）＝90°

　△ABC和△JKL中，因為∠BAC＝∠KJL＝90°，∠ABC＝∠JKL＝40°，

　2組角分別對應相等，故△ABC∼△JKL

· △DEF和△GIH中，DE：GI＝12：6＝2：1，EF：IH＝16：8＝2：1，

　因為∠E＝∠I＝80°，

　2組邊長比及其兩邊夾角皆相等，故△DEF∼△GIH

第5章

｜

相似圖形

 記下來吧！ 三角形的相似條件有以下3個。

 → 3組邊長比全部相等。

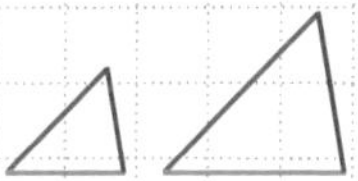

 → 2組邊長比和其兩邊之夾角皆相等。

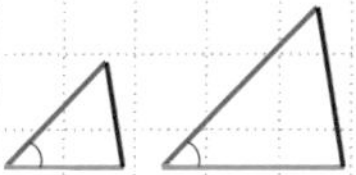

 → 2組角分別對應相等。

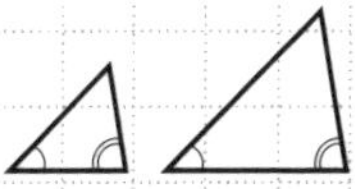

你找得出
誰是兄弟嗎？

✓ 檢查表

□ 能使用符號表示相似的圖形

□ 能說出相似的2個圖形的性質

□ 能說出3個三角形的相似條件

2. 平行線與線段比

本節要學習被平行線分割的線段的比。
請確實記住以下的定理吧。

中學3年級

◆ 首先，記住這個吧！

好多相似的
三角形…

三角形與比的定理

設△ABC的邊AB、AC上的兩點分別為P、Q時，

① 若PQ∥BC，則

$$\boxed{AP}:\boxed{AB}=\boxed{AQ}:\boxed{AC}=\boxed{PQ}:\boxed{BC}$$

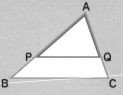

② 若PQ∥BC，則

$$\boxed{AP}:\boxed{PB}=\boxed{AQ}:\boxed{QC}$$

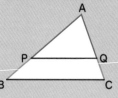

③ 若AP：AB=AQ：AC 或 AP：PB=AQ：QC 則PQ∥BC

平行線與線段比的定理

如右圖，假設有2條直線同時與
3條平行的直線 ℓ、m、n 相交時，

$$AB:BC=A'B':B'C'$$

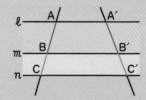

中點連接定理

設△ABC的邊AB、AC的中點
分別為M、N時，

$$MN\parallel BC，MN=\frac{1}{2}BC$$

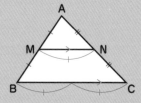

Q 怎麼用定理求長度？

注意平行線，找出相等的長度比。

找到了！

三角形與比的定理

例

右圖中，當DE∥BC時，求x的值。

若DE∥BC，則由AE：AC＝DE：BC可知

5.4：（5.4＋x）＝6：8，

5.4×8＝（5.4＋x）×6，

x＝1.8

平行線和線段比的定理

例

右圖中，當ℓ∥m∥n時，求x的值。

因ℓ∥m∥n，故AB：BC＝DE：EF，

所以9：6＝12：x，9×x＝6×12，x＝8

除了相似三角形△GDA和△GFC的邊長比外，也請思考看看如何用平行線和線段比的定理從已知的邊長來計算。

中點連接定理

例

右圖1中，AD∥EF∥BC，

當AE＝EB時，求EF的長度。

如圖2畫出輔助線AC，

根據中點連接定理可知

EG＝$\frac{1}{2}$BC＝7（cm），

GF＝$\frac{1}{2}$AD＝4（cm）

因此，EF＝7＋4＝11（cm）

圖1

圖2

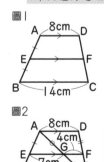

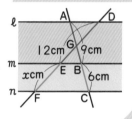

檢查!!

☑ 檢查表

☐ 會運用與被平行線分割的線段比相關的定理，求出線段長度
☐ 會使用中點連接定理

119

3. 相似圖形的計算

本節要學習相似圖形和立體的相似比,以及面積和體積的比的關係。
另外,還要學習利用縮圖求長度的方法。

◆ 求面積和體積!

記下來吧!

相似比 $m:n$ → 面積比為 $m^2:n^2$
→ 體積比為 $m^3:n^3$

檢查!!

相似圖形的面積比與周長比

右邊的△ABC、△DEF中,

相似比➡AB:DE=6:9=2:3

面積比➡△ABC:△DEF=4:9 $\boxed{2^2:3^2}$

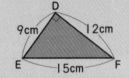

計算面積 $\begin{bmatrix} △ABC的面積為\frac{1}{2}×6×8=24（cm^2） \\ △DEF的面積為\frac{1}{2}×9×12=54（cm^2） \end{bmatrix}$

周長比➡（AB+BC+CA）:（DE+EF+FD）=2:3

計算周長 $\begin{bmatrix} AB+BC+CA=6+10+8=24（cm） \\ DE+EF+FD=9+15+12=36（cm） \end{bmatrix}$

周長比和相似比相等

相似立體的表面積比和體積比

右邊的立方體A、B中,

相似比➡立方體A:立方體B=3:5

表面積比➡立方體A:立方體B=9:25 $\boxed{3^2:5^2}$

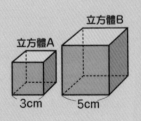
立方體B
立方體A
3cm   5cm

計算
表面積 $\begin{bmatrix} 立方體A的表面積為3×3×6=54（cm^2） \\ 立方體B的表面積為5×5×6=150（cm^2） \end{bmatrix}$

體積比➡立方體A:立方體B=27:125 $\boxed{3^3:5^3}$

計算體積 $\begin{bmatrix} 立方體A的體積為3×3×3=27（cm^3） \\ 立方體B的體積為5×5×5=125（cm^3） \end{bmatrix}$

Q 什麼時候會用到相似？

例如要測量難以直接測量的長度時就會用到。

> 例
>
> 利用相似，求右圖樹木的高度。
>
> 若從距離樹木4m的地點P想要看到樹頂，
>
> 需要將頭往上仰25°才能看到樹頂。
>
> 假設視線高度為140cm。
>
> 用方便計算的大小畫出△AOB的縮圖△A′O′B′。
>
> 將縮圖比例尺設為 $\frac{1}{100}$ ，
>
> 畫出O′B′＝4cm的△A′O′B′，
>
> 已知縮圖上的A′B′的長度約1.9cm。
>
> 接著就可以計算實際的長度。
>
> AB的長度即是1.9×100＝190，
>
> 約190cm。
>
> 而樹木的高度就是190再加上視線高度
>
> （OP）140cm，也就是約330cm→約3.3m。

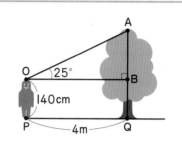

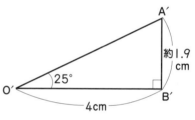

我要飛到 那棵樹上！

利用相似圖形的體積比

如右圖，在一個底面直徑18cm，高
12cm的圓錐形容器中裝水至4cm的高
度，此時有水的部分形狀與容器相似，相
似比為4：12＝1：3。
有水的部分和容器的體積比就是
$1^3 : 3^3 = 1 : 27$。
容器內的水乘以27倍就是容器的總容積，
所以再倒入26倍的水量就能裝滿此容器。

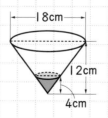

☑ 檢查表

☐ 能說出相似比$a : b$的
　　圖形的面積比
☐ 能說出相似比$a : b$的
　　立體的體積比
☐ 會利用縮圖計算長度

中學3年級

1. 圓周角的定理

本節要學習頂點在圓周上的角。
請學會靈活使用定理吧。

◆ 首先，記住這個吧！

圓周角定理

剛好落在
圓上的角！

∠APB是 $\overset{\frown}{AB}$ 的
圓周角。

圓心角

$$\angle APB = \frac{1}{2}\angle AOB$$

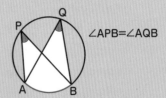

$$\angle APB = \angle AQB$$

一弧所對的圓周角度數為
它所對的圓心角度數的一半。

同一個弧所對的圓周角大小全部相
等。

弧與圓周角

・同一個圓上，等長的弧所對的所有圓周角大小相等。
・同一個圓上，所有相等的圓周角所對的弧長也相等。

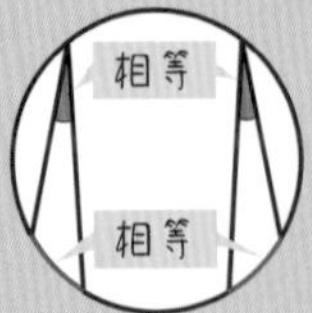

相等

相等

圓周角定理的相反

當有2點P、Q在直線AB的同一側時，
若∠APB＝∠AQB，則4點A、B、P、Q
在同一圓周上。

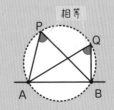

相等

怎麼算圖1的∠x的角度？

利用半圓的弧的圓周角等於90°來算。

求圖1中∠x的大小。

如圖2，半圓的弧所對的圓心角是180°

因此，圓周角等於圓心角的 $\frac{1}{2}$，即90°

而因為∠BAC＝90°，故

$$∠x＝180°－（∠ABC+∠BAC）$$
$$180°－（40°+90°）＝\underline{50°}$$

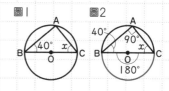

圖1　　　圖2

 可以用圓周角定理證明2個三角形相似嗎？

可以從三角形的角是圓周角這點來證明。

例

在右圖取同一圓周上的4點A、B、C、D，假設AC與
BD的交點為點E，證明△AED∽△BEC。

∠ADE和∠BCE兩者都是$\overset{\frown}{AB}$的圓周角。同樣地，
∠DAE和∠CBE都是$\overset{\frown}{CD}$的圓周角，所以利用圓周角定
理，就能導出三角形的相似條件之一「2組角分別對
應相等」。

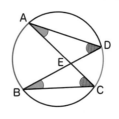

〈證明〉　因為△AED和△BEC中
$\overset{\frown}{AB}$所對的圓周角相等，
故∠ADE＝∠BCE……①
因$\overset{\frown}{CD}$所對的圓周角相等，
故∠DAE＝∠CBE……②
根據①、②，由於有2組角分別
對應相等，故△AED∽△BEC

 檢查表

□ 明白同一弧所對的圓周角和
　圓心角的關係
□ 了解相等長度的弧所對的圓
　周角的關係

1. 畢氏定理

本節要學習直角三角形邊長的關係。
請確實記住基本的定理吧。

◆ 這就是畢氏定理！

畢氏定理

假設直角三角形的直角兩邊長度為a、b，
斜邊長度為c時，$a^2+b^2=c^2$

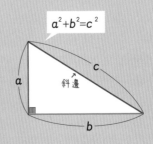

$a^2+b^2=c^2$

斜邊

畢氏定理的相反

若△ABC的三邊長度分別為a、b、c，
且$a^2+b^2=c^2$，
則△ABC是一個斜邊為c的直角三角形。

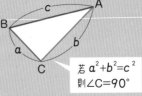

若$a^2+b^2=c^2$
則∠C＝90°

重量　相同♪　擀啊擀
擀成正方形

排在一起後就是…
直角三角形

放上材料♪

3種披薩
完成囉♪

直角三角形的邊長要怎麼算？

利用**畢氏定理**來計算。

要怎麼算來著

> **例**
>
> 求右邊的△ABC的邊AB的長度。
>
> 因為∠C是直角，故可以使用畢氏定理。
>
> 因為斜邊的長度是$x$cm，故
>
> $10^2+6^2=x^2$，$x^2=136$，$x=\pm2\sqrt{34}$
>
> 因$x>0$，故$x=2\sqrt{34}$，答案是 <u>$2\sqrt{34}$cm</u>

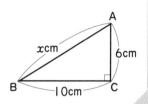

 可以單從邊長判斷是不是直角三角形嗎？

比較最長邊長度的平方，以及其餘兩邊長度的平方和。

> **例**
>
> 思考下面甲、乙兩組邊長的三角形是不是直角三角形。
>
> | 甲 8 cm，10cm，12cm | 乙 $3\sqrt{2}$cm，$3\sqrt{3}$cm，$3\sqrt{5}$cm |
>
> ・甲的三角形的最長邊長度的平方是$12^2=144$
>
> 其餘兩邊長度的平方和是$8^2+10^2=164$
>
> 因為$8^2+10^2\neq12^2$，所以<u>甲的三角形不是直角三角形</u>。
>
> ・乙的三角形的最長邊長度的平方是（$3\sqrt{5}$）$^2=45$
>
> 其餘兩邊長度的平方和是（$3\sqrt{2}$）^{2}＋（$3\sqrt{3}$）$^2=18+27=45$
>
> 因為（$3\sqrt{2}$）^{2}＋（$3\sqrt{3}$）$^2=$（$3\sqrt{5}$）^{2} 所以<u>乙的三角形是直角三角形</u>。

> **參考** 三邊的比可以全部用整數表示的直角三角形
>
>

檢查表

☐ 能說明畢氏定理
☐ 能說明畢氏定理的相反

第 7 章

｜

畢氏定理

第7章　畢氏定理

中學3年級

2. 畢氏定理的運用

本節要思考哪些時候可以運用畢氏定理，
並學習擁有特殊邊長比的三角形。

好像很方便

◆ 各種長度的算法

在圖形中畫出直角三角形，就能算出各種長度。

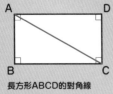

長方形ABCD的對角線
AC的長度

$$AC=\sqrt{AB^2+BC^2}$$

△ABC的高AH的長度

$$AH=\sqrt{AB^2-BH^2}$$

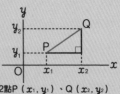

2點P（x_1, y_1）、Q（x_2, y_2）
的間距PQ

$$PQ=\sqrt{(x_2-x_1)^2+(y_2-y_1)^2}$$

記下來吧！

特殊直角三角形的三邊比

與正方形和正三角形有關的
直角三角形

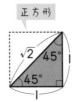

正方形

正三角形

圓的弦長

例　右圖的弦AB的長度，可用連接圓心O和點A畫成的直角三角形求出。

畫出通過圓心O的弦AB的垂線OH，

因為H是弦AB的中點，故AB＝2AH

△OAH是OA＝7－3＝4（cm）、OH＝3cm、∠OHA＝90°的直角三角形，

因此$AH^2=4^2-3^2=7$

因AH＞0，故AH＝$\sqrt{7}$ cm，所以AB＝2AH＝$\underline{2\sqrt{7}}$ cm

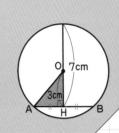

空間中的圖形也能套用畢氏定理嗎？

可以。把想套用定理的空間中的直角三角形畫到平面上會更容易理解。

例

求圖1的正四角錐的體積。

因已知底面積是$6×6=36$（cm^2），所以只要知道高就能算出體積。這裡畫出以四角錐的高AO為邊長的直角三角形ABO，就會得到圖2。因AB的長已知，所以只要知道BO的長，就能套用畢氏定理。

這裡讓我們注意底面。

由圖3可知，

△OBC是三邊比為$1:1:\sqrt{2}$的直角等腰三角形。

因為BC＝6cm，故BO:BC＝$1:\sqrt{2}$，BO＝$3\sqrt{2}$cm

因此，

$AO^2 = AB^2 - BO^2 = (\sqrt{43})^2 - (3\sqrt{2})^2 = 25$，

$AO = ±5$　又因AO＞0，故AO＝5cm

所以正四角錐的體積

可用$\frac{1}{3}×36×5=60$（cm^3）算出。

圖1

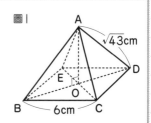

圖2

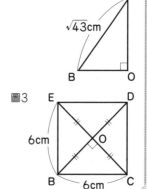

圖3

memo

· 若有一長方體，縱邊長為a，橫邊長為b，高為c，對角線長為ℓ，則

$$\ell = \sqrt{a^2+b^2+c^2}$$

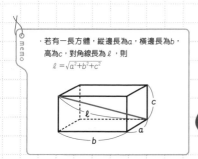

會了嗎？

☑ 檢查表

☐ 能說出特殊直角三角形的3邊比

☐ 能在平面圖形和空間圖形中找出直角三角形，以利用畢氏定理

127

I. 抽樣調查

本節要學習我們身邊的各種調查方法。
請思考何種目的時應使用哪種調查方法吧。

◆ 2種調查方法

普 查

調查某群體的資訊時,全面調查該群體的所有個體。

例 人口普查
某班級男生和女生的跳遠成績
柔道比賽前選手的體重計測

抽樣調查

調查某群體的資訊時,抽取該群體一部分的個體來調查,
然後利用調查結果反推整體的性質。

例 商品出貨前的品質檢查
報社等實施的輿論調查
電視節目的收視率調查

母體…調查對象的整個群體
樣本…從母體中抽取出來調查的
一部分

母體

隨機抽出

樣本

今年的蘋果
甜度是16度

推測

甜度16度

我可以吃
蘋果嗎?

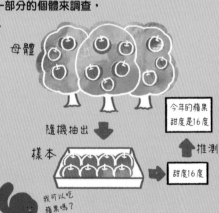

抽樣調查都用在什麼情況？

不可能進行普查的時候。

例

思考調查某池塘中棲息的鯉魚總數的方法。

要捕捉池塘內所有鯉魚計算總數進行普查在現實上太過困難，因此要使用只抽取出一部分的抽樣調查。

在做抽樣調查時，通常會認定樣本的性質跟母體一致。為了取得棲息數量的樣本性質，首先要在數條鯉魚身上做記號。譬如事先捕捉50條鯉魚，在牠們身上做記號，然後放回池塘。此時，整個池塘全部的 x 條鯉魚中，有50條身上有記號。

接著等待數日，讓有記號的50條鯉魚充分在池塘內悠游，確定牠們的棲息地點沒有偏向特定場所後，再來捕捉樣本。

假設捕捉了30條樣本，其中有6條鯉魚身上有記號。

一般會認定這30條捕撈到的鯉魚（樣本）中身上有記號的比例，就跟整個池塘所有鯉魚（母體）中身上有記號的比例相同，故

$x : 50 = 30 : 6$

然後計算 x 的值，

$x \times 6 = 50 \times 30$，$x = 250$

因此，我們可以推測池塘中大約棲息著250條鯉魚。

有幾條鯉魚？

這是最後了！辛苦啦！

第8章

｜

抽樣調查

☑ **檢查表**

☐ 了解何種情況適合使用抽樣調查
☐ 能利用抽樣調查推測母體的性質

● memo

· 樣本平均…樣本的平均值。與母體的平均值幾乎相等。
→我們可以從樣本平均來推測母體的平均。

· 隨機抽樣…從母體中隨機抽出樣本。

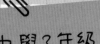

中學3年級的自我評量

確認一下是否已學會了各章的內容吧。
請在答錯的問題的□中打勾，重新看看錯在哪裡吧。

★解答在P.140

第1章 多項式的計算

◆請計算下列❶、❷。

□ ❶ $-3x(2x-5y)$ 〔　　　　〕　　□ ❷ $(15a^2-20a)\div(-5a)$ 〔　　　　〕

◆請展開下列❸～❻。

□ ❸ $(x+5)(y-2)$ 〔　　　　〕　　□ ❹ $(x+6)^2$ 〔　　　　〕

□ ❺ $(x+8)(x-8)$ 〔　　　　〕　　□ ❻ $(x+6)(x-3)$ 〔　　　　〕

◆請計算下列❼、❽。

□ ❼ $(x-y+2)(x-y-2)$ 〔　　　　〕

□ ❽ $(x+5)(x-9)-(x-3)^2$ 〔　　　　〕

□ ❾ 請將24質因數分解。 〔　　　　〕

◆請將下列❿～⓯因數分解。

□ ❿ $6a^2b-24ab$ 〔　　　　〕　　□ ⓫ x^2-36 〔　　　　〕

□ ⓬ $x^2+8x+16$ 〔　　　　〕　　□ ⓭ $x^2+9x+20$ 〔　　　　〕

□ ⓮ $2x^2-10x+12$ 〔　　　　〕　　□ ⓯ $3x^2-6x-9$ 〔　　　　〕

第2章 平方根

◆求下列❶、❷的平方根。

□ ❶ 16 〔　　　　〕　　□ ❷ 7 〔　　　　〕

◆請不使用根號來表示下列❸、❹的數。

□ ❸ $-\sqrt{25}$ 〔　　　　〕　　□ ❹ $(\sqrt{10})^2$ 〔　　　　〕

□ ❺ 請將 $-\sqrt{10}$ ，-3 ，$-\sqrt{13}$ 由小排到大。 〔　　　　〕

◆請將下列數字分成有理數和無理數。

$$5 \cdot -8 \cdot \sqrt{2} \cdot -\sqrt{4} \cdot \pi$$

☐ ❻ 有理數　　　　　〔　　　　　　〕　　　☐ ❼ 無理數　　　　　〔　　　　　　〕

◆請計算下列❽、❾。

☐ ❽ $\sqrt{2} \times \sqrt{5}$　　　〔　　　　　〕　　　☐ ❾ $\sqrt{15} \times \sqrt{35}$　　　　〔　　　　　〕

◆請用 $a\sqrt{b}$ 的形式表示下列❿、⓫。

☐ ❿ $\sqrt{24}$　　　　　〔　　　　　〕　　　☐ ⓫ $\sqrt{72}$　　　　　　〔　　　　　〕

◆請將下列⓬、⓭的分母有理化。

☐ ⓬ $\dfrac{\sqrt{3}}{\sqrt{5}}$　　　　〔　　　　　〕　　　☐ ⓭ $\dfrac{6}{\sqrt{12}}$　　　　〔　　　　　〕

◆請計算下列⓮、⓯。

☐ ⓮ $3\sqrt{2} + 4\sqrt{2}$　　　〔　　　　　〕　　　☐ ⓯ $\sqrt{2}(\sqrt{6}+3)$　　　〔　　　　　〕

第3章　2次方程式

◆請解開下列❶～❹的2次方程式。

☐ ❶ $x^2 = 25$　　　　〔　　　　　〕　　　☐ ❷ $4x^2 - 36 = 0$　　　〔　　　　　〕

☐ ❸ $(x-2)^2 = 64$　〔　　　　　〕　　　☐ ❹ $(x+3)^2 = 12$　　〔　　　　　〕

◆請在下列❺、❻中填入正確的數字。

$$x^2 + 8x + \boxed{❺} = (x + \boxed{❻})^2$$　　　☐ ❺ 〔　　　　〕　☐ ❻ 〔　　　　〕

◆請使用求解公式解開下面的2次方程式。

☐ ❼ $3x^2 + x - 2 = 0$　　　　　　　　　　　　　　　　〔　　　　　〕

◆請用因數分解解開下列❽、❾的2次方程式。

☐ ❽ $x^2 + 6x - 16 = 0$　　　　　　　　　　　　　　　〔　　　　　〕

☐ ❾ $x^2 - 12x + 36 = 0$　　　　　　　　　　　　　　　〔　　　　　〕

☐ ❿ 有3個連續的自然數。中間的自然數的平方比三數的和大18。求這3個自然數。

　　　　　　　　　　　　　　　　　　　　　　　　　　〔　　　　　〕

第 4 章　函數

◆請在下列❶～❹關於函數$y=ax^2$的敘述中，於□內填入正確的數或文字。

☐ ❶ 當x值變為2倍，y值會變為□倍。　　　　　　　　　　　　　　〔　　　　〕

☐ ❷ 函數$y=ax^2$的圖形是通過原點，且對稱於□的曲線。　　　　　　〔　　　　〕

☐ ❸ 函數$y=ax^2$的圖形稱為□。　　　　　　　　　　　　　　　　　〔　　　　〕

☐ ❹ a的絕對值愈大，圖形的開口愈□。　　　　　　　　　　　　　　〔　　　　〕

☐ ❺ y與x的平方成正比，且$x=4$時$y=-8$。請用x的式子來表示y。　〔　　　　〕

☐ ❻ y與x的平方成正比，且$x=3$時$y=-27$。求$x=-2$時y的值為何。　〔　　　　〕

☐ ❼ 對於函數$y=-x^2$，當x的變域是$-2 \leq x \leq 4$時，y的變域為何。　〔　　　　〕

☐ ❽ 對於函數$y=3x^2$，求x從1增加到3時的變化率。　　　　　　　〔　　　　〕

☐ ❾ 求右圖中，通過函數$y=x^2$上的兩點A、B的直線方程式。　　　〔　　　　〕

☐ ❿ 求右圖的△OAB的面積。　　　　〔　　　　　　　〕

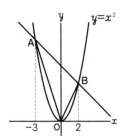

第 5 章　相似圖形

☐ ❶ 請回答3個三角形的相似條件。

〔　　　　　　　　　〕,〔　　　　　　　　　　　　〕,

〔　　　　　　　　　　　　〕

◆請針對右圖1回答下列❷～❺。

圖1

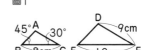

□ ❷ △ABC與△DEF相似。請使用幾何符號表達此關係。

〔　　　　　　〕

□ ❸ 求AB和DE的長度比。　　　　　　〔　　　　　〕

□ ❹ 求邊AC的長度。　　　　　　　　　　　〔　　　　〕

□ ❺ 求∠EDF的大小。　　　　　　　　　　　〔　　　　〕

□ ❻ 下圖2中，當BC∥DE時，求x的值。　　　　　　〔　　　　〕

□ ❼ 下圖3中，當ℓ∥m∥n時，求x的值。　　　　　　〔　　　　〕

□ ❽ 下圖4中，當AD∥EF∥BC，且AE＝EB時，求EF的長度。　　　　〔　　　　〕

圖2

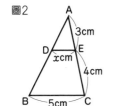

圖3

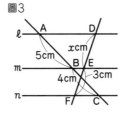

圖4

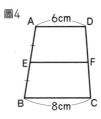

◆請針對右圖5回答下列❾、❿。

□ ❾ 請回答△ABC和△ADE的相似比。　　　　〔　　　　〕

□ ❿ 請回答△ABC和△ADE的面積比。　　　　〔　　　　〕

圖5

第6章　圓

◆求下列❶～❸的∠x的大小。

□ ❶

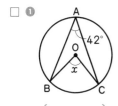

〔　　　　　〕

□ ❷

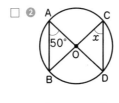

〔　　　　　〕

□ ❸

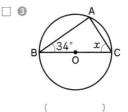

〔　　　　　〕

☐ ❹ 請問下面甲～丙中，哪幾個圖的4點A、B、C、D在同一圓的圓周上。

甲 　　乙 　　丙

〔　　　　　　〕

◆右圖中，線段AP是∠BAC的角平分線。

此時，△ABP～△ADC的證明如下。

請在❺～❽中填入正確的符號和文字。

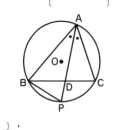

☐ 〈證明〉根據假設，∠BAP=❺〔　　　　　〕…(1)

因兩者都是❻〔　　　　　〕所對的圓周角，

故❼〔　　　　　〕=∠ACD…(2)

因(1)、(2)，故❽〔　　　　　　　　　　　〕，

所以△ABP～△ADC

第7章　畢式定理

◆求下列❶、❷的x的值。

☐ ❶ 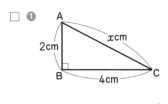　　　　☐ ❷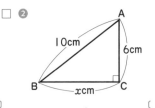

〔　　　　　〕　　　　　　　　　　　　　〔　　　　　〕

☐ ❸ 請從三邊長分別是下列甲～丁值的三角形中，選出所有的直角三角形，並回答其代號。

甲 5cm，6cm，8cm　　　　　乙 1cm，$\sqrt{5}$cm，2cm

丙 $\sqrt{17}$cm，$2\sqrt{3}$cm，$\sqrt{30}$cm　　丁 $\sqrt{11}$cm，5cm，6cm　　〔　　　　　〕

◆求下列❹～❻的x、y的值。

❹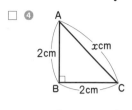

❺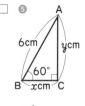

❻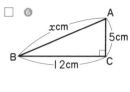

x〔　　　　〕

x〔　　　　〕

x〔　　　　〕

y〔　　　　〕

❼ 求座標平面上的兩點P（3，5）、Q（6，9）的距離。　　　　　　　〔　　　　　〕

◆請針對右圖的正四角錐回答下列❽、❾。

❽ 求高AO。

〔　　　　　〕

❾ 求體積。

〔　　　　　〕

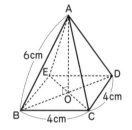

第8章　抽樣調查

◆請問下列❶～❹分別適合使用普查還是抽樣調查。

❶ 學校的視力檢查　　　　　　　　　　　　　　　　　　　　　〔　　　　　〕

❷ 某商品的品質檢查　　　　　　　　　　　　　　　　　　　　〔　　　　　〕

❸ 電視台的收視率調查　　　　　　　　　　　　　　　　　　　〔　　　　　〕

❹ 學校內的體育測驗　　　　　　　　　　　　　　　　　　　　〔　　　　　〕

❺ 在袋子裡放入一堆白色圍棋。接著在此袋中放入30個相同大小的黑色圍棋，並充分混合後，再隨機從袋子裡取出20個圍棋，發現其中包含5個黑色圍棋。請問袋子裡的白色圍棋數量大約有多少。

〔　　　　　〕

解答

中學1年級

P.29 畫畫看！

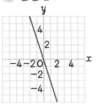
$y=-3$

P.33 畫畫看！

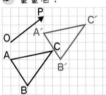

P.35 畫畫看！

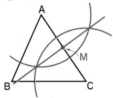

P.41 畫畫看！

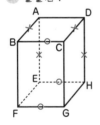

邊BF、邊CG、
邊EF、邊GH

🖊️ 中學1年級的自我評量

P.49 **第1章 正負數**

❶-2℃ ❷-6，$+6$ ❸-5

❹-1 ❺$6$ ❻-9 ❼-4 ❽-6

❾$8$ ❿2 ⓫-30 ⓬-5 ⓭40

⓮43 ⓯-17

解說

⓮$5\times(-3)^2-(5-23)\div(-9)$

$=5\times9-(-18)\div(-9)=45-2=43$

P.49 **第2章 代數和代數式**

❶a^2b ❷$-\dfrac{a}{5}$ ❸$8a-\dfrac{b}{2}$

❹$200-5x$(元) ❺$\dfrac{2}{5}y$ cm ❻-5

❼$8x$ ❽$9x-4$ ❾$2x-1$

❿$18x$ ⓭$3x$ ⓬$35x+30$

⓭$6a-5$ ⓮$2x-10$

解說

❻$3\times(-4)+7=-12+7=-5$

P.50 **第3章 方程式**

❶$x=3$ ❷$x=-8$ ❸$x=-\dfrac{1}{2}$

❹$x=-1$ ❺$x=-15$ ❻$x=-7$

❼$x=28$ ❽$x=36$ ❾$5$人

❿960m

解說

❾假設學生人數為x人，

$3x+6=5x-4$，$x=5$

❿假設所求的實際距離為xm，

$5:300=16:x$，$x=960$

P.50　第4章　正比和反比

①是函數　②$y=120x$

③120　④$5\leq x<9$　⑤$-4<x\leq 1$

⑥$y=-3x$　⑦A(4,3)　⑧$y=\dfrac{3}{4}x$

⑨

⑩$y=\dfrac{12}{x}$　⑪B(-3,1)　⑫$y=-\dfrac{3}{x}$

⑬

解説

⑥因為y與x成正比，故假設比例常數為a，

將$x=4$、$y=-12$代入$y=ax$，

由$-12=a\times 4$可知$a=-3$，故$y=-3x$

P.51　第5章　平面圖形

①3個　②4個　③∠ABC(∠CBA，∠B)

④AB⊥BC　⑤AB∥DC

⑥△OCD，△FOE　⑦△DEO　⑧△AFO

⑨
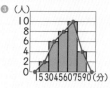

M　C　N

A　O　B

⑩$\overparen{AB}$　⑪弦AB　⑫扇形OCD

⑬圓心角　⑭切線

⑮圓周長　12πcm　面積　36πcm²

⑯弧長　24πcm　面積　240πcm²

解説

⑯弧長…$2\pi \times 20\times \dfrac{216}{360}=24\pi$(cm)

　面積…$\pi \times 20^2\times \dfrac{216}{360}=240\pi$(cm²)

P.53　第6章　空間圖形

①四邊形　②12　③三角形　④4

⑤三角形　⑥8

⑦邊DC，邊EF，邊HG

⑧邊AD，邊AE，邊BC，邊BF

⑨邊CG，邊DH，邊FG，邊EH

⑩圓柱　⑪圓錐　⑫44πcm²

⑬48cm³

⑭表面積　324πcm²　體積　972πcm³

解説

⑭表面積…$4\times \pi \times 9^2=324\pi$(cm²)

　體積…$\dfrac{4}{3}\times \pi \times 9^3=972\pi$(cm³)

P.54　第7章　資料的整理

①60分以上未滿75分的組　②0.13

③
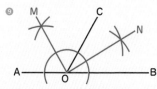
（人）

⑤56.5分　⑤45分以上未滿60分的組

⑥67.5分　⑦7分　⑧$11.5\leq a<12.5$

⑨0.5以下　⑩2.35×10^3g

解説

⑩用整數部分只有1位數的數表示就是2.35，

　因小數點向左移3位，所以是2.35×10^3g

137

P.64的計算後續

1 由①×2−②′可知$5x=-10$，故$\underline{x=-2}$

將$x=-2$代入①，$\underline{y=-4}$

2 將②′代入①，$5x=30$，$\underline{x=6}$

將$x=6$代入①，$\underline{y=-3}$

P.65的@的計算後續

由①′+②′×2可知$-5b=15$，$\underline{b=-3}$

將$b=-3$代入②′，$\underline{a=2}$

P.87 ✏️ 畫畫看！

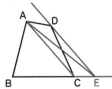

✏️ 中學２年級的自我評量

P.90　第１章　數式的計算

❶$2a$和$-5a$　　❷x^2和$-10x^2$

❸$7x$　❹$-2y$　❺$10x+7y$

❻$-6x-y$　❼$7y$　❽$3a-18b$

❾$2x-4y$　❿$-13x+5y$

⓫$\dfrac{11x+y}{12}$　⓬$\dfrac{-3x+2y}{6}$　⓭$8a^2b$

⓮$-6xy$　⓯$\dfrac{3}{4}ab$　⓰$15y$

⓱-11　⓲-7　⓳$z=\dfrac{x-2y^2}{3}$

⓴$m+n+1$

解說

❷選擇代數的次方相同的。

❼$(x+3y)-(x-4y)$

$=x+3y-x+4y=7y$

⓬
$$\dfrac{4x+y}{2}-\dfrac{15x+y}{6}$$
$$=\dfrac{3(4x+y)}{6}-\dfrac{15x+y}{6}$$
$$=\dfrac{3(4x+y)-(15x+y)}{6}$$
$$=\dfrac{12x+3y-15x-y}{6}$$
$$=\dfrac{-3x+2y}{6}$$

P.91　第２章　聯立方程式

❶$x=2$，$y=3$

❷$x=-2$，$y=6$

❸$x=-4$，$y=-3$

❹$x=6$，$y=-1$

❺$x=-2$，$y=-\dfrac{1}{2}$

❻$x=5$，$y=-2$

❼$x=7$，$y=10$

❽$x=7$，$y=8$

❾$a=4$，$b=2$

❿男學生168人，女學生135人

解說

❾
$$\begin{cases} ax+by=2 \\ bx+ay=10 \end{cases}$$

將$x=-1$、$y=3$代入，

$$\begin{cases} -a+3b=2 & \cdots\cdots(1) \\ -b+3a=10 & \cdots\cdots(2) \end{cases}$$

將(1)、(2)當作a、b的聯立方程式求解，

$a=4$，$b=2$

❿假設去年的男學生有x人，女學生有y人，

去年的學生總數關係為

$x+y=310\cdots\cdots(1)$

減少的學生數關係為，

$\dfrac{5}{100}x-\dfrac{10}{100}y=-7\cdots\cdots(2)$

將(1)、(2)當作聯立方程式求解，

$x=160$，$y=150$

因此，今年的男學生數為

$160\times\left(1+\dfrac{5}{100}\right)=168$（人）

今年的女學生數為

$150\times\left(1-\dfrac{10}{100}\right)=135$（人）

P.91　第3章　1次函數

❶2　❷4　❸-4　❹5

❺向右上傾斜　❻向右下傾斜

❼～❿

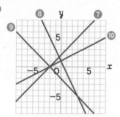

⓫$-\dfrac{7}{2}\leqq y\leqq-1$　⓬$y=2x+2$

⓭$y=-x+8$　⓮$y=\dfrac{1}{2}x+4$

⓯（1，5）

解說

⓮分別將兩點的x、y座標代入1次函數的關係式

$y=ax+b$，

$3=-2a+b$……(1)

$6=4a+b$　……(2)

將(1)、(2)當作聯立方程式求解，

$a=\dfrac{1}{2}$，$b=4$

因此，所求之1次函數的關係式為$y=\dfrac{1}{2}x+4$

P.92　第4章　檢查圖形的方法

❶160°　❷20°　❸160°

❹55°　❺55°　❻80°

❼75°　❽2160°　❾360°

❿3組邊全部等長

　　2組邊和此兩邊之夾角皆相等

　　1組邊及相鄰之兩角皆相等

⓫DE　⓬∠DEC　⓭∠CDE

⓮1組邊及相鄰之兩角

解說

❽180°×(14-2)=2160°

❾不論哪種多邊形，外角和都是360°

P.93　第5章　圖形的性質

❶35°

❷斜邊與1組銳角皆相等

　斜邊與另一組邊皆相等

❸乙　❹丁　❺丙　❻戊　❼甲

❽90°　❾110°　❿菱形

⓫長方形　⓬正方形

解說

❿～⓬的長方形、菱形、正方形都屬於平行四邊形，

故具有平行四邊形的性質。

P.94　第6章　機率

❶$\dfrac{1}{6}$　❷$\dfrac{1}{2}$　❸0　❹$\dfrac{5}{6}$　❺$\dfrac{3}{10}$

❻$\dfrac{3}{5}$　❼$\dfrac{2}{5}$　❽$\dfrac{3}{5}$　❾$\dfrac{1}{6}$　❿$\dfrac{5}{12}$

解說

❸骰子的點數共有1～6的6種，所以擲出7點的機率

為0。

✎ 中學3年級的自我評量

P.130　第1章　多項式的計算

❶$-6x^2+15xy$　❷$-3a+4$

❸$xy-2x+5y-10$

❹$x^2+12x+36$　❺x^2-64

❻$x^2+3x-18$　❼$x^2-2xy+y^2-4$

❽$2x-54$　❾$2^3\times3$　❿$6ab(a-4)$

⓫$(x+6)(x-6)$　⓬$(x+4)^2$

⓭$(x+4)(x+5)$　⓮$2(x-2)(x-3)$

⓯$3(x+1)(x-3)$

解說

❼假設$x-y=X$

$(X+2)(X-2)=X^2-4$

$\qquad\qquad\quad=(x-y)^2-4$

$\qquad\qquad\quad=x^2-2xy+y^2-4$

⓮$2x^2-10x+12=2(x^2-5x+6)$

$\qquad\qquad\qquad\quad=2(x-2)(x-3)$

P.130　第2章　平方根

❶±4　❷$\pm\sqrt{7}$　❸-5　❹$10$

❺$-\sqrt{13}$,$-\sqrt{10}$,-3

❻$5$,-8,$-\sqrt{4}$　❼$\sqrt{2}$,π

❽$\sqrt{10}$　❾$5\sqrt{21}$　❿$2\sqrt{6}$

⓫$6\sqrt{2}$　⓬$\dfrac{\sqrt{15}}{5}$　⓭$\sqrt{3}$

⓮$7\sqrt{2}$　⓯$2\sqrt{3}+3\sqrt{2}$

解說

❾$\sqrt{15}\times\sqrt{35}=\sqrt{3}\times\sqrt{5}\times\sqrt{5}\times\sqrt{7}$

$\qquad\qquad\quad=\sqrt{5^2\times3\times7}=5\sqrt{21}$

P.131　第3章　2次方程式

❶$x=\pm5$　❷$x=\pm3$　❸$x=10$,$x=-6$

❹$x=-3\pm2\sqrt{3}$　❺$16$　❻$4$

❼$x=-1$,$x=\dfrac{2}{3}$　❽$x=-8$,$x=2$

❾$x=6$　❿5,6,7

解說

❼$3x^2+x-2=0$

因$x=\dfrac{-1\pm\sqrt{1^2-4\times3\times(-2)}}{2\times3}$

$\quad=\dfrac{-1\pm\sqrt{25}}{6}=\dfrac{-1\pm5}{6}$

故$x=-1$,$x=\dfrac{2}{3}$

❿假設正中間的自然數為x,

$x^2=(x-1)+x+(x+1)+18$

$x^2=3x+18$

$x^2-3x-18=0$

$(x+3)(x-6)=0$

因x是自然數,故$x=6$

而$6-1=5$,$6+1=7$,

因此3個自然數分別是5、6、7

P.132　第4章　函數

❶$4$　❷y軸　❸拋物線

❹小　❺$y=-\dfrac{1}{2}x^2$

❻$y=-12$　❼$-16\leqq y\leqq0$

❽$12$　❾$y=-x+6$　❿15

解說

❾將兩點A$(-3,9)$、B$(2,4)$的座標代入

直線方程式$y=mx+n$可得

$\begin{cases}9=-3m+n\\4=2m+n\end{cases}$

解此方程式得$m=-1$,$n=6$

P.132 第 5 章 相似圖形

❶3組邊長比全部相等

2組邊長比和其兩邊之夾角皆相等

2組角分別對應相等

❷△ABC～△DEF ❸2：3

❹6cm ❺105°

❻$x=\dfrac{15}{7}$ ❼$x=\dfrac{15}{4}$ ❽7cm

❾5：2 ❿25：4

【解説】

❽如下圖畫出輔助線AC，假設AC和EF的交點為G，

因EG=$\dfrac{1}{2}$BC=4（cm）

GF=$\dfrac{1}{2}$AD=3（cm），

故EF=4+3=7（cm）

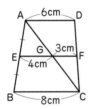

❿相似比 5：2→面積比 5^2：2^2

P.133 第 6 章 圓

❶84° ❷50° ❸56° ❹丙

❺∠DAC ❻$\overset{\frown}{AB}$ ❼∠APB

❽2組角分別對應相等

【解説】

❸因∠BAC為半圓的弧所對的圓周角，

故∠BAC=90°

∠x=180°−（90°+34°）=56°

❹丙為∠BAC=180°−（100°+28°）=52°

因∠BAC=∠BDC=52°，

故A、B、C、D 4點在同一圓的圓周上。

P.134 第 7 章 畢氏定理

❶$x=2\sqrt{5}$ ❷$x=8$ ❸乙、丁

❹$x=2\sqrt{2}$ ❺$x=3$，$y=3\sqrt{3}$ ❻$x=13$

❼5 ❽$2\sqrt{7}$ cm ❾$\dfrac{32\sqrt{7}}{3}$ cm³

【解説】

❼PQ=$\sqrt{(6-3)^2+(9-5)^2}$=$\sqrt{25}$

因PQ>0，故PQ=5

❽△OBC是三邊比為1：1：$\sqrt{2}$ 的

直角等腰三角形，

故由OB：4=1：$\sqrt{2}$ 可知OB=$2\sqrt{2}$ cm

所以，

AO²=AB²−BO²=6²−（$2\sqrt{2}$）²=28

AO=±$2\sqrt{7}$

因AO>0，故AO=$2\sqrt{7}$ cm

P.135 第 8 章 抽樣調查

❶普查 ❷抽樣調查

❸抽樣調查 ❹普查

❺大約90個

【解説】

❺假設袋子裡的白色圍棋有x個。

抽出來的20個中有5個是黑色圍棋，

所以可知白色圍棋有20−5=15(個)。

因此，x：30=15：5。

求x的解，

x×5=30×15，x=90

公式・定理總整理

此處整理目前為止學過的所有公式和定理。
逐一確認後，就能隨時靈活運用喔。
背下來後，就在 □ 裡打勾。

要開始
確認囉！

計算與方程式

□ **拿掉括號的方法**

$+(a+b) \Rightarrow +a+b$

$+(a-b) \Rightarrow +a-b$

$-(a+b) \Rightarrow -a-b$

$-(a-b) \Rightarrow -a+b$

※遇到 $-()$ 時要注意改變正負號。

□ **乘法公式和因數分解**

乘法公式 →

$(x+a)(x+b)=x^2+(a+b)x+ab$

$(x+a)^2=x^2+2ax+a^2$

$(x-a)^2=x^2-2ax+a^2$

$(x+a)(x-a)=x^2-a^2$

← 因數分解

□ **平方根的計算**

乘法 $\sqrt{a} \times \sqrt{b} = \sqrt{ab}$

除法 $\dfrac{\sqrt{a}}{\sqrt{b}} = \sqrt{\dfrac{a}{b}}$

加法 $m\sqrt{a}+n\sqrt{a}=(m+n)\sqrt{a}$

減法 $m\sqrt{a}-n\sqrt{a}=(m-n)\sqrt{a}$

□ **分配律**

$a(b+c)=ab+ac$

※從純數的計算到多項式的計算，所有種類的計算
　都能用。

□ **比例式的性質**

$a:b=c:d \Rightarrow ad=bc$

□ **平方根的變形**

$a\sqrt{b}=\sqrt{a^2b}$

$\dfrac{a}{\sqrt{b}}=\dfrac{a \times \sqrt{b}}{\sqrt{b} \times \sqrt{b}}=\dfrac{a\sqrt{b}}{b}$

※把分數分母中含有 $\sqrt{}$ 的數改成沒有 $\sqrt{}$ 的數，就
　稱為「分母有理化」。

□ **2次方程式的公式解**

2次方程式 $ax^2+bx+c=0$ 的解 $\Rightarrow x=\dfrac{-b \pm \sqrt{b^2-4ac}}{2a}$

函數

□ 正比

正比的關係式 $y=ax$

＊a是比例常數

正比圖形

➡ 通過原點
的直線

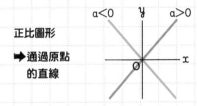

※當$a>0$時由左下向右上傾斜，當$a<0$時由左上向
右下傾斜。

□ 反比

反比的關係式 $y=\dfrac{a}{x}$

＊a是比例常數

反比圖形

➡ 對稱於原
點的2條
平滑曲線（雙曲線）

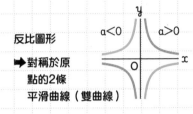

※反比的圖形不會與座標軸相交。

□ 1次函數

1次函數的關係式 $y=ax+b$　＊a、b為常數

$$（變化率）=\dfrac{（y的增加量）}{（x的增加量）}=a$$

＊變化率為固定值，相等於a

1次函數的圖形

➡ 斜率為a，截距為b的
直線

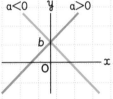

※2條平行的直線斜率相等。

□ 函數 $y=ax^2$

關係式 $y=ax^2$　　＊a為比例常數

$$（變化率）=\dfrac{（y的增加量）}{（x的增加量）}$$

＊變化率不固定

函數$y=ax^2$的圖形 ➡ 通過原點，
對稱於y軸的曲線（拋物線）

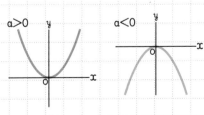

※比例常數a的絕對值愈大，圖形的開口則愈小。

143

資料的活用

回想起來了嗎?

☐ 資料的整理

$$相對次數=\frac{該組別的次數}{次數合計} \qquad 平均數=\frac{(組中點×次數)的合計}{次數合計}$$

☐ 機率

發生A事件的機率p $\dfrac{a\text{種導致A發生的情況}}{n\text{ 種所有可能發生的情況}}$ ➡ $p=\dfrac{a}{n}$

機率p的範圍 $0≤p≤1$ 若A發生的機率是p，則A不發生的機率是$1-p$

☐ 抽樣調查

普查…全面調查調查對象之群體（母體）中的所有個體。

抽樣調查…從群體中抽取出一部分（樣本）來調查，以推測全體的狀態。

圖形

平面圖形

☐ 平行線和角

$∠b=∠c$（對頂角）

若 $\ell /\!/ m$，則

$∠a=∠b$（同位角），

$∠a=∠c$（內錯角）

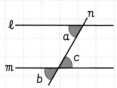

☐ 三角形的內角和外角

$∠A+∠B+∠C=180°$

$∠ACD=∠ABC+∠BAC$

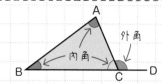

※三角形的外角與不相鄰的另外2個內角和相等。

☐ 多邊形的角

n邊形的內角和 $180°×(n-2)$ 多邊形的外角和 $360°$

※不論哪種多邊形，外角和必然是360°

□ **三角形的全等條件**

- 3組邊全部等長。

- 2組邊和此兩邊之夾角皆相等。

- 1組邊及相鄰之兩角皆相等。

□ **直角三角形的全等條件**

- 斜邊與1組銳角皆相等。

- 斜邊與另一組邊皆相等。

□ **等腰三角形的性質（定理）**

- 2個底角相等。

- 等腰三角形的頂角的角平分線，也會垂直且平分底邊。

□ **成為等腰三角形的條件（定理）**

- 2角相等的三角形，此相等之2角若是底角，則為等腰三角形。

□ **成為平行四邊形的條件（定理）**

- 2組對邊互相平行。（定義）

- 2組對邊皆相等。

- 2組對角皆相等。

- 對角線相交於彼此的中點。

- 1組對邊平行且等長。

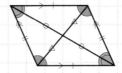

□ **平行線與面積**

對於不在直線AB上的點P、Q，

- 若PQ∥AB，則△PAB＝△QAB

- 若△PAB＝△QAB，則PQ∥AB

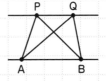

□ **扇形的計算** （圓周率π、半徑r、圓心角$a°$的扇形弧長為ℓ，面積為S）

弧長　$\ell = 2\pi r \times \dfrac{a}{360}$　　面積　$S = \pi r^2 \times \dfrac{a}{360}$ 或 $S = \dfrac{1}{2}\ell r$

☐ 圓周角定理

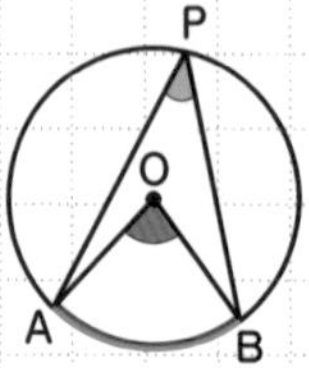

$$\angle APB = \frac{1}{2}\angle AOB \qquad \angle APB = \angle AQB$$

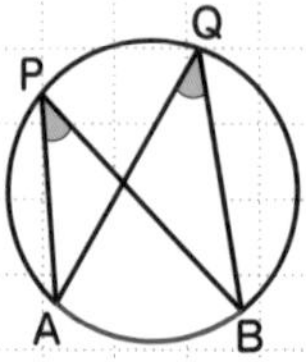

※半圓的弧所對的圓周角為90°

☐ 弧與圓周角

· 同一個圓上，等長的弧所對的所有
  圓周角大小相等。

· 同一個圓上，所有相等的圓周角所
  對的弧長也相等。

☐ 圓周角定理的相反

當有2點P、Q在直線AB的同一側時，
若∠APB＝∠AQB，則4點A、B、P、Q在同一圓周上。

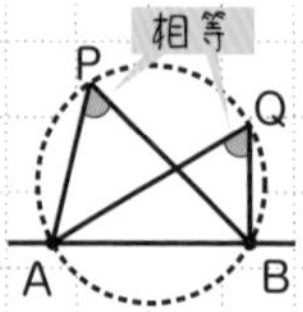

相似圖形

☐ 三角形的相似條件

· 3組邊長比全部相等。

· 2組邊長比和其兩邊之夾角皆相等。

· 2組角分別對應相等。

☐ 相似圖形的計算

當相似比為 $m:n$ 時，

相似圖形的面積比

➡ $m^2:n^2$

相似圖形的體積比

➡ $m^3:n^3$

☐ 三角形與比的定理

· 若PQ∥BC，則AP：AB＝AQ：AC＝PQ：BC

· 若PQ∥BC，則AP：PB＝AQ：QC

· 若AP：AB＝AQ：AC或AP：PB＝AQ：QC，則PQ∥BC

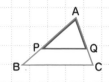

平行線與線段比的定理

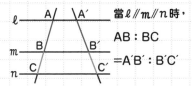

當 $\ell /\!/ m /\!/ n$ 時，

AB : BC

=A′B′ : B′C′

中點連接定理

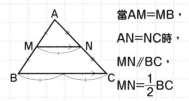

當 AM=MB，

AN=NC時，

MN //BC，

$MN=\frac{1}{2}BC$

畢氏定理

畢氏定理

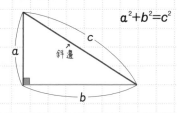

$$a^2+b^2=c^2$$

特殊直角三角形的三邊比

立體的計算

柱體、錐體的表面積

・角柱、圓柱的表面積　**側面積＋底面積×2**　　・角錐、圓錐的表面積　**側面積＋底面積**

柱體、錐體的體積　　（底面積 S、高 h、體積 V、圓周率 π、底面的半徑 r）

・角柱的體積　$V=Sh$　　圓柱的體積　$V=\pi r^2h$

・角錐的體積　$V=\frac{1}{3}Sh$　　圓錐的體積　$V=\frac{1}{3}\pi r^2h$

完美！

球的表面積・體積　　（表面積 S、體積 V、圓周率 π、半徑 r）

・球的表面積　$S=4\pi r^2$　　球的體積　$V=\frac{4}{3}\pi r^3$

索引

英數

☐ 1次函數 68
☐ 1次函數的圖形 68
☐ 2元1次方程式 .... 63、72
☐ 2次方程式 106
☐ 2次方程式的求解公式 106
☐ x座標 28
☐ y座標 28

1劃

☐ 一元方程式 23
☐ 一元式 21
☐ 一元項 21
☐ 三角形的全等條件 79
☐ 三角形的相似條件 117
☐ 三角形與比的定理 118
☐ 不等式 21
☐ 中位數 47
☐ 中點 35
☐ 中點連接定理 118
☐ 內角 76
☐ 內錯角 74
☐ 分母有理化 103
☐ 分配律 16
☐ 切線 36
☐ 切點 36
☐ 反比 30
☐ 反比的圖形 30
☐ 方程式 22
☐ 方程式的解 22

☐ 比例式 23
☐ 比例常數 26

5劃

☐ 代入 18
☐ 代入法 62
☐ 代表值 47
☐ 代數式 18
☐ 加減法 62
☐ 四則 16
☐ 外角 76
☐ 平方根 100
☐ 平行四邊形 84
☐ 平行四邊形的性質 84
☐ 平行線與線段比的定理 118
☐ 平均數 47
☐ 平面圖 43
☐ 平移 32
☐ 正方形 86
☐ 正比 26
☐ 正比的圖形 28
☐ 正多面體 38
☐ 正負數的大小 11
☐ 正號 10
☐ 正數 10
☐ 立面圖 43
☐ 全等 78
☐ 同位角 74
☐ 同類項 56
☐ 因數 98

☐ 因數分解 .... 98、108
☐ 多面體 38
☐ 多項式 .... 56、96
☐ 成為平行四邊形的條件 84
☐ 有限小數 101
☐ 有效數字 48
☐ 有理數 101
☐ 次數（代數式） 56
☐ 次數 46
☐ 次數分配表 46
☐ 自然數 .... 10、17
☐ 投影圖 43
☐ 折線 46
☐ 角平分線 34
☐ 角柱 39
☐ 角柱・圓柱的表面積 44
☐ 角柱・圓柱的體積 45
☐ 角錐 38
☐ 角錐・圓錐的表面積 44
☐ 角錐・圓錐的體積 45
☐ 函數 26
☐ 函數 $y = ax^2$ 110
☐ 函數 $y = ax^2$的圖形 110
☐ 定理 82
☐ 定義 82
☐ 底角 82
☐ 底面 38
☐ 底面積 44
☐ 底邊 82
☐ 弦 36

□ 弧 ·······················36
□ 弧與圓周角 ·············122
□ 抽樣調查 ···············128
□ 拋物線 ·················110
□ 直方圖 ··················46
□ 直角三角形的全等條件 ···82
□ 表面積 ··················44
□ 近似值 ··················48
□ 長方形 ··················86
□ 係數 ····················20
□ 垂直平分線 ··············34
□ 垂線 ················33、34
□ 指數 ····················14
□ 歪斜 ····················40
□ 相似比 ·················116
□ 相似立體的表面積比和體積比 ··· 120
□ 相似圖形 ···············116
□ 相似圖形的面積比與周長比 120
□ 相對次數 ················46
□ 負號 ····················10
□ 負數 ····················10

10劃

□ 乘法公式 ················96
□ 倒數 ····················15
□ 原點 ····················28
□ 展開 ····················96
□ 座標 ····················28
□ 扇形 ····················36
□ 根號 ···················100
□ 假設 ····················80
□ 側面 ····················38
□ 側面積 ··················44
□ 常數 ····················26

□ 斜率 ················68、72
□ 斜邊 ····················82
□ 旋轉 ····················32
□ 旋轉中心 ················32
□ 旋轉軸 ··················42
□ 旋轉體 ··················42
□ 球的表面積 ··············45
□ 球的體積 ················45
□ 畢氏定理 ···············124
□ 畢氏定理的相反 ·········124
□ 眾數 ····················47
□ 移項 ····················22
□ 累乘 ····················14
□ 組中點 ··················46
□ 組限 ····················46
□ 頂角 ····················82
□ 頂點 ················33、38
□ 單項式 ··············56、96
□ 循環小數 ···············101
□ 普查 ···················128
□ 無限小數 ···············101
□ 無理數 ·················101
□ 等式的性質 ··············23
□ 結論 ····················80
□ 絕對值 ··················10
□ 菱形 ····················86
□ 項 ······················20
□ 圓心角 ··················36
□ 圓周角定理 ·············122
□ 圓周角定理的相反 ·······122
□ 圓錐 ····················38
□ 對角線的性質 ············86
□ 對頂角 ··················74
□ 對稱軸 ··················32

□ 截距 ················68、72
□ 誤差 ····················48

15劃

□ 範圍 ····················47
□ 質因數 ··················98
□ 質因數分解 ··············98
□ 質數 ····················98
□ 樹狀圖 ··················88
□ 機率 ····················88
□ 聯立方程式 ··············62
□ 雙曲線 ··················30
□ 證明 ····················80
□ 鏡像翻轉 ················32

23劃

□ 變化率 ··············68、112
□ 變域 ················27、112
□ 變數 ····················26

149

memo

◆編輯協力　(有)オフサイド、(有)マイプラン
◆內文設計　齋藤友希
◆內文插畫　はしあさこ、高田真弓
◆人物插圖　おうみかずひろ
◆圖版　　　塚越勉

重點整理、快速複習！
國中資優數學王一本制霸

2021年5月1日初版第一刷發行
2024年7月15日初版第九刷發行

編　　著　學研Plus
譯　　者　陳識中
編　　輯　劉皓如
特約美編　鄭佳容
發 行 人　若森稔雄
發 行 所　台灣東販股份有限公司
　　　　　＜地址＞台北市南京東路4段130號2F-1
　　　　　＜電話＞(02)2577-8878
　　　　　＜傳真＞(02)2577-8896
　　　　　＜網址＞https://www.tohan.com.tw
郵撥帳號　1405049-4
法律顧問　蕭雄淋律師
總 經 銷　聯合發行股份有限公司
　　　　　＜電話＞(02)2917-8022

著作權所有，禁止轉載。
購買本書者，如遇缺頁或裝訂錯誤，
請寄回調換（海外地區除外）。
Printed in Taiwan.

TOHAN

國家圖書館出版品預行編目(CIP)資料

國中資優數學王一本制霸：重點整理、快速複習！/
學研Plus編著；陳識中譯. -- 初版. -- 臺北市：臺
灣東販, 2021.05
152面；14.8×18公分
ISBN 978-986-511-670-5(平裝)

1.數學教育 2.中等教育

524.32　　　　　　　　　　110004389

My Study Guide Chugaku Suugaku
©Gakken
First published in Japan 2013 by Gakken
Education Publishing Co., Ltd., Tokyo
Traditional Chinese translation rights
arranged with Gakken Plus Co., Ltd.